KB220312

성경과
함께하는
철학 산책

성경과
함께하는
철학 산책

기독교 철학
서설

윤영돈 지음

서문

본서는 30년 가까운 필자의 신앙과 배움의 산물이다. 중·고등학교 시절, 예수 그리스도를 영접하고 하나님을 전인격적으로 만날 수 있었다. 그때로부터 지금에 이르기까지 삶의 다양한 장면에서 하나님의 부르심이 있었다.

사실 필자는 대학원 석사과정 중에 목회자 내지 선교사의 삶을 진지하게 고민하였다. 그러나 진로와 관련하여 내면의 갈등이 있었고, 필자가 소망하는 삶의 방향이 무엇인지를 고민하고 기도하면서 하나님의 인도하심을 구했다. 그러던 중 공부에 대한 꿈이 생겼고, 지도교수님(진교훈, 현 서울대 명예교수)과 면담하는 과정에서 "교수님, 아무래도 저는 목회자의 심정으로 공부하는 사람이 되어야 할 것 같습니다."라는 고백을 하게 되었다. 그 때 지도교수님께서 무척 기뻐해 주셨고, 이러한 필자의 결정을 높이 평가하셨다. 지도교수님과의 대화 가운데 삶의 지향점이 구체화된 것이다.

목회자의 마음으로 신앙하고 공부해온 삶도 어느덧 지천명(知天命)을 앞두게 되었다. 서양윤리와 도덕교육 전공자로 30년을 살아왔고, 5년 전부터 전공영역의 외연을 확장하여 '기독교 윤리학' 및 '기독교 철학'에 관심을 두고 조금씩 공부하고 있다.

필자는 중·고등학교 시절, 사회 개혁 및 사회 구원을 강조하는 기독교장로회 소속 교회에서 신앙생활을 시작하였고, 대학 입학 후 지금까지 매우 보수적인 침례교회에서 신앙생활을 하고 있다. 이러한 삶의 문맥에서 필자의 신앙은 보수적이고 영성을 강조하면서도, 학문적 관심사는 사회윤리 차원으로까지 확장되어 있다.

세월호 참사(2014.4.16.)와 대통령 탄핵 사건(2017.3.10.)은 2000년대 이후 한국 현대사의 비극이라 할 수 있다. 현재 우리는 기존 질서와 권력관계가 해체되는 시대를 살고 있으며, 문화적 내전과 다름없는 세계관과 가치관의 충돌을 겪고 있다. 계층과 세대와 성별과 이념 간 갈등과 혐오와 분열이 정치와 사회·문화 영역은 물론이고, 교육과 종교 영역에도 확산되고 있다. 그런데 그 해결의 기미가 보이지 않는다.

이 글은 이러한 시대적인 아픔과 갈등을 배경으로 한 고민의 산물이기도 하다. 이 글의 일부는 "크리스천의 철학 산책"(2014년)으로, 일부는 "인공지능시대와 윤리학 산책"(2018년)으로 교회신문에 연재된 것을 수정·보완한 것이다.

본서가 나오기까지 감사할 분들이 많다. 삶의 과정에서 신앙과 삶의 좋은 본을 보여주신 채은실 목사님과 월산, 인성과 윤리까지 아우르는 미래 지향적인 신앙관으로 이끌어 주시는 김성현 목사님, 교수로서의 올바른 길로 이끌어주신 진교훈 교수님과 박찬구 교수님, 인천대학교에 부임한 이래로 연구와 교육에 전념할 수 있도록 배려해 주신 윤찬원 교수님과 윤세원 교수님, 그리고 몸담고 있는 인천대 윤리교육과를 아름다운 배움의 터전으로 함께 가꾸어가는 김윤경 교수님과 김혜진 교수님께 감사드린다.

끝으로 삶과 신앙의 여정에서 최상의 반려자이자 친구인 강문자 전도사와 믿음직스러운 네 자녀들(군인인 진호와 대학생인 화평, 만화·애니메이션을 전공하는 여고생인 온유와 씩씩한 중학생인 사랑)에게도 고마움을 전한다.

이 글이 해체와 분열의 시대를 살아가는 삶의 자리에서 화목과 소통을 위한 작은 위안이 될 수 있기를 소망한다.

2019.12 인천대학교 미추홀캠퍼스에서 윤영돈 사룀

목차 CONTENTS

2부 인공지능 시대, 삶의 문제 성찰

1부

성경과 함께하는 철학 이야기

가문에 흐르는 저주와 죄의 문제:
그리스 비극

　삶은 희극일까, 아니면 비극일까. 어쩌면 삶이 너무도 고단하고 고통스러워서 그것을 비틀어 희극으로 표현한 것은 아닐까. "가장 행복한 것은 태어나지 않은 것이고, 기왕에 태어난 것이라면 일찍 죽는 게 그다음으로 행복한 것이다"라고 어느 그리스 시인이 말한 바 있다. 사실 이와 유사한 고백이 욥기에도 언급됐다(욥 3장).

　그리스 세계에서 철학이 태동하기 전, 지혜의 원천은 문학적 전통에 있었으며 그 절정에 위치한 것이 '그리스 비극'이다. 편의상 그리스 비극이라 불리지만 그것은 아테네의 산물로서 기원전 5세기 초에 태동하여 페리클레스 시대에 절정에 달했다가 기원전 5세기 말에 쇠퇴한다. 비극은 정치사에 있어서는 '민주주의' 체제, 문제사에 있어서는 '인간 본성의 탐구'라는 아테네의 정치적·문화적 지형에서 출현했다.

　그렇다면 그리스 비극이 추구하는 가치는 무엇일까. 그것은 다름 아닌 '고통을 통한 깨달음(learning through suffering)'에 있다. 비극 작품에 등장하는 인물은 영웅이나 왕이며, 그들은 대체로 고귀한 성품을 지니고 있다. 그런데 그들의 '고의성 없는 실수'가 결국 파국을 초래하고, 주인공은 그러한 비극적인 고통 속에서 인간 본연의 겸손함과 지혜에 이르게 되었음을 역설한다. 여기서 '고의성 없는 실수'란 그리스어로는 '하마르티아(hamartia)'인데, 이는 신약성서에서 '죄'를 표현한 단어이며, 어원적으로 보면 '과녁을 빗나간 것(a missing the mark)'을 의미한다.

그리스 비극 가운데 아이스킬로스(Aeschylus)의 『오레스테이아』는 가문에 흐르는 저주와 죄의 문제를 다루고 있다. 사건은 트로이전쟁에서 승리한 아가멤논 왕이 자신의 고국으로 개선하는 데서 시작한다. 왕이 트로이전쟁에 참전한 사이 자신의 아내가 정부(情夫)와 함께 바람을 피웠고, 이들에 의해 아가멤논 왕은 살해된다. 그런데 죽은 아가멤논 왕이 혼령으로 아들 오레스테스에게 자신의 원한을 풀어달라고 요구한다. 번민하던 오레스테스는 결국 아버지의 원한을 갚기 위해 어머니를 살해했지만 근친 살해라는 인륜을 저버린 행동으로 인해 복수의 여신들에게 괴롭힘을 당한다. 그 때문에 오레스테스는 자신의 정당함을 아테네 여신에게 탄원한다. 오레스테스의 모친 살해에 대해 12명의 배심원이 표결을 하는데, 유죄(6표)와 무죄(6표)가 동수로 나왔다. 최종적으로 아테네가 무죄에 표를 던짐으로써 오레스테스는 자신의 행동에 대한 정당성을 인정받게 된다. 어찌 되었건 『오레스테이아』에서 다루고 있는 사건은 비극적이다. 그런데 아가멤논 왕의 가문에서 발생한 비극의 근원은 생각보다 뿌리가 깊다. 그 뿌리는 오레스테스의 조부는 물론이고 증조부에게까지 거슬러 올라간다.

가문에 흐르는 저주와 죄의 문제는 하나님의 마음에 합했던 다윗의 가문에서도 발견된다. 다윗은 자신에게 충성을 다한 부하의 아내를 빼앗았다. 그러나 하나님께서 보낸 나단 선지자의 책망을 통해 회개할 기회를 얻게 된다. 시편 51편에 다윗의 처절한 회개가 잘 나타나 있다. 다윗은 하나님으로부터 용서를 받았지만 나단 선지자의 예언대로 다윗의 죄로 인한 저주가 그 자녀들에게 실현되었다(삼하 12:10-14; 13-18장).

아담의 범죄 이후로 인간의 삶은 비극적일 수밖에 없다. 인간 본성에 대한 '바울의 절규'(롬 7:14-25)처럼 우리는 근본 죄인이지만 예수 안에서 용서받을 수 있는 존재이다. 사실 누구든지 예수 안에 있다면 회개의 기회를 살 수 있다. 그러나 자신의 죄로 인한 그림자는 피하기 어렵다는 점도 간과해서는 안 될 것이다.

지혜를 추구하는 두 방식:
신화와 철학

　그리스는 '철학'의 발상지이다. '철학'의 독특한 점은 '물음'에 있
다. 그러니까 "우주의 근원, 그것은 무엇인가?", 혹은 "정의, 그것은
무엇인가?"와 같은 물음의 형식이 그리스인들의 발명품이라는 것이
다. 그렇게 물음을 던지고, 답변을 추구하는 과정을 '철학함(doing
philosophy)'이라고 말한다. 철학은 그 어원에서 알 수 있듯이 "지혜
(sophia)에 대한 사랑(philos)"이다.

　그런데 그리스 세계에서 철학이 태동하기 이전에 지혜를 추구하
는 또 다른 방식이 있었는데, 바로 신화이다. 그리스 신화에는 제우
스를 비롯한 올림포스 신들과 영웅들의 이야기가 풍부하다. 수많은
도시국가(polis)로 이루어진 그리스 세계에서 신화는 세계와 생명의
근원이나 인간사의 문제를 이야기로 풀어낸 공동의 신앙이자 삶의
지침으로 기능했다. 가령, 다양한 신화의 소재들이 담겨 있는『일리
아드』나 『오디세이』는 그리스인들에게 있어서 일종의 바이블이었
다. 이처럼 신화를 좇고 철학을 추구했던 그리스인들(헬라인들)을
바울은 '지혜를 찾는 자들'이라고 묘사하고 있다(고전 1:22).

　앞서 언급한 것처럼 신화와 철학, 둘 다 '지혜를 추구한다'는 점

에서는 상통한다. 하지만 지혜를 추구하는 방식이 다르다. 가령, 신화가 어떤 이야기를 무반성적이고 맹목적으로 수용하여 믿는 방식이라면, 철학은 합리적이고 비판적인 사고를 토대로 의문을 제기하는 방식이다. 신화적 사고에 이야기 구조와 직관적인 사유방식이 부각된다면 철학적 사고에는 논증 구조와 논리적인 사유방식이 현저하다.

그런데 성경에는 신화와 철학에 대해 부정적으로 언급하고 있다. 예를 들어 '망령되고 허탄한 신화를 버리라'는 말씀(딤전 4:7)이나 '누가 철학과 헛된 속임수로 너희를 노략할까 주의하라'는 말씀(골 2:8)이 대표적이다. 사실 에베소 사람들이 아데미(아르테미스) 여신을 섬겼던 것처럼(행 19:28, 34) 신화에 착념하는 것은 우상숭배와 관련된다. 그런가 하면 골로새서(2:8)에 언급되어 있듯이 어떤 철학이 사람으로부터 난 것이고 그리스도에 근거하지 않은 것이라면 경계할 필요가 있다. 특히 골로새 교회가 당면했던 거짓 가르침으로서의 철학은 가현설(docetism)과 같은 영지주의 사상이었음을 유의할 필요가 있다. 이러한 사상은 구원의 근거를 영적 지식에 두고, 물질과 육체를 죄악시했으며, 더 나아가 예수께서 육체로 오심을 부정했다. 예수의 몸은 육체로 보일 뿐이지 실은 육체가 아니라는 것이다.

이렇게 보면 성경은 신화와 철학을 긍정적으로 평가하지 않는 것 같다. 하지만 성경이 예수 만난 사람들의 이야기라고 할 때, 그것은 신화와 같은 이야기 구조로 되어 있다. 그런가 하면 사도행전(17:11)에 언급되어 있듯이 바울이 전한 메시지가 성경이 증거 하는 것인지를 상고하는(anakrinō, examine) 베뢰아 사람의 태도는

철학이 지닌 논리성 및 물음과 관련된다. 이렇게 보면 건강한 신앙
생활을 하는 데 신화가 지닌 이야기 구조는 크리스천의 간증하는
삶에 기여할 수 있고, 철학의 논리성과 물음은 성경을 상고하는 태
도에 기여할 수 있다.

　이상의 논의는 인간의 견지에서 지혜를 추구하는 두 가지 방식이
었다. 그렇다면 성경은 지혜에 대해 어떻게 말하고 있는가. 무엇보
다 성경은 예수 그리스도가 지혜의 근원임을 증거 하고 있다. 그 때
문에 예수 그리스도는 "하나님의 지혜"이자 "하나님의 비밀"이며,
그에게 "지혜와 지식의 모든 보화"가 있다(고전 1:24; 골 2:2-3). 태
초부터 계셨던 그 말씀이 하나님의 지혜이며, 창조의 근원인 것이다
(잠 8:22-31; 요 1:1-14). 그런데 바울에 따르면 하나님의 지혜는 오
직 성령을 통해서만 우리에게 주어질 수 있다(고전 2:10).

세계를 바라보는 두 가지 방식:
존재와 생성

　세계를 바라보는 두 가지 방식으로 '존재(being)'와 '생성(becoming)'의 관점을 들 수 있다. 존재의 관점이 불변하는 존재를 상정하고, 그것이 행위와 사회의 올바른 척도가 된다고 보는 반면, 생성의 관점은 불변하는 척도는 없고, 모든 것은 상대적이며 고정되어 있지 않다고 본다. 창조론이나 절대주의 윤리설은 존재의 관점에, 진화론이나 상대주의 윤리설은 생성의 관점에 친화력이 있다.

　철학사에 있어서 존재와 생성의 첨예한 대립은 기원전 6세기 말에서 5세기 초에 활동했던 파르메니데스와 헤라클레이토스에게까지 소급된다. 파르메니데스는 이탈리아 남단의 엘레아에서, 헤라클레이토스는 소아시아 연안의 에베소에서 주로 활동했다.

　파르메니데스가 보기에 세상에 잠시 있다가 사라지는 것은 참된 존재가 아니다. 사물이 소멸되더라도 변하지 않고 남아 있는 것, 그것이 참된 존재인 것이다. 참으로 존재하는 그것은 어느 시점에서 생겨나는 것도 아니고 쪼개어질 수 있는 것도 아니며, 또 사라지는 것도 아니다. 따라서 참된 존재란 영원불변하는 존재이다. 한편 헤라클레이토스가 보기에 세계의 진면목은 생성과 소멸이라는 변화

과정에 그리고 상호 대립되는 것이 하나라는 데 있다. 세계는 낮과 밤, 추위와 더위, 전쟁과 평화, 사랑과 미움이 역동적인 변화의 과정에 있다. 그러니까 낮은 밤으로 밤은 낮으로, 더웠다가 추워지며 추웠다가 더워지고, 사랑이 미움으로 미움이 사랑으로 변한다. 더 나아가 상호 대립하고 투쟁하는 것이 하나를 구성한다.

파르메니데스의 대표적인 옹호자는 플라톤이다. 그는 정치적으로 문화적으로 타락한 아테네의 현실을 개선하기 위해 이데아론을 상정한다. 현실에 있는 모든 것은 이데아 세계에 있는 원본들의 모사품이다. 그렇기 때문에 이데아 세계는 현실의 세계를 개선하기 위한 청사진인 셈이다. 한편 헤라클레이토스의 대표적인 옹호자는 니체이다. 그는 플라톤 이래로 '현상/지상'의 세계와 '이데아/천상'의 세계를 구분해온 서양의 이원론적 관점을 비판하면서 생성의 세계라는 일원론적 관점을 제시한다. 더 나아가 니체는 세계의 진면목인 대립되는 것들 간의 균형을 추구하는 것이야말로 개인과 사회가 발전하는 변증법적 원리로 간주한다.

요컨대 파르메니데스의 존재의 철학이 서구 이성주의와 계몽주의라는 모더니즘의 원천으로 기여했다면, 헤라클레이토스의 생성의 철학은 모더니즘적 세계관으로부터 벗어나고자 하는 포스트모더니즘의 원천으로 기여했다.

파르메니데스적 세계관은 불변하는 순수 존재에서 세계의 근본 원리를 파악함으로써 인간과 사회가 지향해야 할 척도를 제시한다는 강점을 지니지만 변화무상한 현실을 제대로 고려하지 못한다는 한계가 있다. 한편 헤라클레이토스적 세계관은 모순이 가득한 부조리한 현실에서 대립되는 것 간의 역동적 균형을 통해 개인과 사회의 발전을 변증법적으로 추구할 수 있다는 강점을 지니지만 근본적인 옳고 그름의 척도는 제시하기 어렵다는 한계를 갖는다.

　성경, 특히 신약성경에는 생성의 관점보다는 존재의 관점이 부각되는 것으로 보인다. "보이는 것"보다 "보이지 않는 것"이 영원하다는 언급(고후 4:18)이나 사람의 손으로 지은 성막은 "하늘에 있는 것들의 모형"(히 9:23)이라는 언급에서, 더 나아가 종국에는 사라질 이 세상과 대비되는 영원한 하늘나라를 묘사하는 데서 이를 알 수 있다.

　그런데 만물의 존재근거인 "말씀"(잠 8:30; 요 1:1; 계 3:14)이 성육신(incarnation)하신 것(요 1:14; 빌 2:6-8)은 어떤 점에서 존재의 세계로부터 자신을 무한히 낮추어 생성의 세계로 오신 것을 의미한다. 영원하신 존재인 예수께서 죽음의 고난을 당하신 것은 헤아릴 수 없는 '신비'이지만 인간에게는 놀라운 '은혜'이다. 그 때문에 크리스천은 생성의 세계에 뿌리를 내리되 은혜로 받은 예수의 살과 피를 나누는 삶을 살다가 존재의 세계로 나아갈 소망을 갖는다.

사람의 생애를 닮은 그리스 철학:
소크라테스 이전과 이후

한 개인의 정신 발달과 철학사의 전개 과정에는 어떤 유사점이 있을까? 흥미롭게도 그리스 철학의 전개 과정이 사람의 생애를 닮았다고 보는 학자가 있다. 콘퍼드(F. M. Cornford)는 그리스 철학의 전개 양상을 사람의 발달단계에 비유한다.

유년기에는 외부 대상에 대한 끊임없는 '호기심'을 보이듯, 그리스 철학의 첫 번째 주자로서 '자연철학'은 주변 사물과 자연에 대한 '경이로움'에서 출발한다. 자연철학의 근본 물음은 '우주의 아르케가 무엇인가?'인데, 여기서 그리스어 아르케(archē)란 시원(始原, beginning & first cause)을 의미한다. 자연철학자들은 우주의 아르케를 물이나 불, 공기나 4원소(물·불·흙·공기), 혹은 원자라고 보았다.

한편 기원전 5세기 말 그리스 세계의 패권을 다투는 전쟁이 있었는데, 아테네와 스파르타 간 전쟁(펠로폰네소스전쟁)이 그것이다. 30년 가까이 지속된 전쟁을 거치면서 아테네는 급격하게 쇠퇴한다. 더 이상 누구나 따라야 하는 보편적 기준은 없고, 있다 해도 알 수 없다는 사고가 현저했다. 이러한 사상적 토양에서 소피스트들이 활동했다. 그들은 진리의 존재 가능성이나 기존의 가치체계에 대해서

냉소적이었다. 우리는 소피스트들의 회의적인 태도에서 사춘기의 반항적 모습을 엿볼 수 있다. 토론 및 설득 능력이 성공의 주된 요인이었던 아테네에서 소피스트들의 수사학은 고가의 지적 상품으로 소비되었다.

소크라테스는 소피스트들의 상대적·회의적 관점에 문제를 제기하면서 보편적인 척도 탐구에 열망을 지녔던 철학자이자 참된 앎을 위한 순교자였다. 물론 소피스트들이 자연에서 인간과 사회로 사상적 관심을 전환시키는 데 일정 부분 기여한 게 사실이다. 하지만 소크라테스에 이르러서 인간의 내면을 탐구하고, 인간의 궁극 목적을 묻기 시작했다. 소크라테스와 그 제자인 플라톤, 그리고 플라톤의 제자이자 동료였던 아리스토텔레스에 이르기까지 일관된 탐구 방향은 인간이 지닌 고유한 능력으로서 이성(로고스)의 기능을 탁월하게 계발하는 데 있었다. 그러니까 인간의 이성능력에 근거하여 인간과 사회의 성숙을 위한 척도를 마련할 수 있다는 것이다. 이들의 모습에서 우리는 책임을 다하는 성년기(청·장년기)의 원숙함과 지적 충만함을 엿볼 수 있다.

끝으로 그리스 세계가 붕괴되고 헬레니즘 대제국의 시대가 전개되면서 정복당한 그리스인들은 거대한 익명의 공동체 속에서 인간의 왜소함을 견뎌내야 했다. 그리스인들이 취할 수 있는 방식은 크게 두 가지였다. 하나는 현실의 문제로부터 벗어나 마음의 평온을 추구하는 것이었고(에피쿠로스 사상), 다른 하나는 정념과 고통으로부터 초연하고, 강인한 정신으로 현실의 문제를 직면하는 것이었다(스토아 사상). 에피쿠로스 사상과 스토아 사상은 그리스 철학의 석양을 장식한다는 점에서 인생의 노년기에 해당된다.

개략적이긴 하지만 우리는 그리스 사상의 전개 과정을 통해 인간
이 지닌 앎의 열망과 그 스펙트럼을 엿볼 수 있었다. 이러한 앎의
탐구과정을 통해서 우리는 인간과 사회와 자연에 대한 지식을 체계
화할 수 있다. 그런데 감사하게도 그러한 지식은 창조주를 이해하
는 일반계시의 통로가 될 수 있다(롬 1:19-20). 한편 하나님께서 인
간에게 주신 특별계시는 예수 그리스도이다. 그는 태초에 말씀으로
계시다가 성육신하여 이 세상에서 그의 사역을 감당하셨다(요 1:1,
14; 요일 1:1). 예수의 사람으로서 크리스천이 삶의 과정에서 알아
야 할 것은 무엇일까. 사도 요한의 어법으로 말하자면, 소년의 때에
는 하나님 아버지의 사랑과 예수 그리스도의 은혜를, 청년의 때에
는 하나님의 말씀으로 죄를 짓는 자(악한 자, 흉악한 자)를 이기었
음을, 장년과 노년의 때에는 태초부터 계신 하나님을 알 필요가 있
다(요일 2:12-14).

극장에 가는 이유는 즐거움 때문인가:
플라톤과 아리스토텔레스의 예술론 논쟁

한 스승 밑에서 아리스토텔레스처럼 오랜 기간 공부한 이도 드물 것이다. 소년 아리스토텔레스는 환갑이 된 플라톤 문하에서 그 스승이 세상을 떠날 때까지 무려 20년을 수학하였다. 그런데 플라톤 사후에 아리스토텔레스는 진리를 위해서 스승과 결별을 선언한다. 결별의 계기는 무엇일까? 무엇보다도 둘 사이에 노정된 해소되기 어려운 차이점이 있었다.

먼저 사물의 실재성을 담보하는 형상(eidos)의 위치가 달랐다. 그러니까 플라톤은 형상이 현실이나 개체 밖에, 즉 피안(이데아)의 세계에 있는 것으로, 아리스토텔레스는 개체나 현실에 내재하는 것으로 간주한다.

다음으로 학문함의 모델이 상이했다. 플라톤은 '기하학'에, 아리스토텔레스는 '생물학'에 각각 자신의 학문체계를 세웠다. 기하학에서는 제1공리에 따라 모든 문제가 해명되듯, 플라톤은 모든 지식을 단일한 체계로 정립하고자 했고, 그 때문에 개별 학문의 독립성을 인정하지 않았다. 반면에 생물학의 모델을 중시했던 아리스토텔레스는 관찰과 경험에 근거하여 학문체계를 구성하였다. 그 때문에 개별 학문의 독자성을 확보하는 것이 용이했다.

　요컨대 형상의 위치 및 학문함의 모델 차이로 인해 플라톤에 있어서 개별 학문 및 활동은 '선의 이데아'에 종속되는 성격이 강한 반면, 아리스토텔레스의 경우, 상당 부분 그 자율성이 확보된다. 예술의 자율성 문제에도 이러한 관점이 적용된다.

　흔히 플라톤은 예술의 적대자로 간주된다. 그에 따르면 예술가의 모방 활동은 존재론적 지위를 갖지 못한다. 가령, 예술가로서 화가가 그린 침대는 현실에서 목수가 만든 침대를 모방한 것이고, 목수의 침대는 이데아 세계의 침대를 모방한 것이다. 그러니까 화가의 침대 그림은 원본으로부터 두 단계나 떨어져 있는 것이다. 그런가 하면 예술가로서 시인의 시작(詩作) 활동은 합리적인 이치보다는 감정(inspiration)에 근거하기 때문에 그 인식론적인 지위가 열등하다. 더 나아가 플라톤은 선정적이고 폭력적인 작품이 감상자에게 심리적으로 부정적인 영향을 미친다고 보았다. 그 때문에 예술은 자율성을 지니기 어렵고, 감상자로 하여금 선의 이데아를 고양하는 데 기여하는 한에서 그 존재 의미가 있다.

　이에 반해 아리스토텔레스는 예술의 자율성을 적극 옹호한다. 그에 따르면 과거의 사실, 현재나 미래의 개연적인 일이나 마땅히 그래야 할 일(당위)을 모방한 예술 작품은 현실보다 더 이상적일 수 있기에 그 존재론적인 지위가 확보된다. 그런가 하면 비극 제작론을 다루는 『시학』에서 아리스토텔레스는 예술 작품의 합리적인 제작 가능성을 통해 그 인식론적인 지위를 제고한다. 더 나아가 폭력물이나 선정적인 작품은 감상자의 폭력성이나 욕망을 간접적으로 표출하게 함으로써 심리적으로 무해할 뿐만 아니라 오히려 즐거움을 준다고 보았다.

그러므로 "왜 극장에 가는가?"라는 물음에 대해 플라톤은 연극 (영화)이 교훈이나 깨달음을 주기 때문에, 아리스토텔레스는 그것이 즐거움을 주기 때문이라고 말할 것이다.

이상의 논의를 크리스천의 신앙과 삶에 적용해보자. 크리스천은 '하나님의 형상'의 위치를 어떻게 생각해야 할까? 성경은 하나님의 형상이 예수 그리스도임을 증거 한다(고후 4:4; 골 1:15; 히 1:3 등). '예수 그리스도'는 부활하신 후 하늘 보좌에 계시며(히 1:3; 계 3:21), 예수 이름을 영접한 크리스천 안에는 '성령'이 내주하신다 (요 8:38-39; 14:16, 26). 이런 이유로 플라톤과 아리스토텔레스가 고민한 형상의 위치가 크리스천에게는 큰 문제가 되지 않는다.

크리스천은 선의 이데아를 늘 의식하는 플라톤처럼 모든 일에 하나님의 시선을 의식하는 사람이다. 동시에 크리스천은 개별 활동에 자율성을 부여하는 아리스토텔레스처럼 범사에 자유를 누릴 수 있는 존재이다. 우리는 에덴동산의 선악과 명령(창 2:16-17)에서 이를 잘 알 수 있다. 이제 크리스천이 극장에 가는 이유는 어렵지 않게 해명될 수 있을 것 같다.

운명론적 세계관에서 자유에 이르는 길:
에픽테토스의 스토아 철학

'모든 것이 결정되어 있다'는 운명론적인 세계관에서도 자유를 말할 수 있을까. 인생이라는 연극은 연출자인 신에 의해서 이미 결정되어 있기에 자신에게 주어진 배역에만 충실하면 자유로울 수 있다고 말하는 사상가가 있다.

"그대는 연출가의 의도대로 연극에 등장하는 배우이다. 그가 단막극을 쓰면 단명할 것이고, 장막극을 쓰면 좀 더 오래 살 것이다. 거지 역을 맡기면 기꺼이 그 역할을 수행할 수 있도록 노력하라. 저는 자, 권세 있는 자 혹은 범죄자의 배역을 맡길 수도 있다. 배역을 선택할 자유가 인간에게는 없다. 따라서 그대가 할 수 있는 일은 주어진 역할을 전심으로 연기하는 것이다." 노예 출신의 스토아 사상가인 에픽테토스의 말이다. 그의 저작에는 '자유'라는 단어가 신약성경보다 자주 등장한다.

스토아 사상은 에픽테토스처럼 노예로부터 아우렐리우스 같은 황제에 이르기까지 제국의 모든 사람을 결집시킴으로써 로마를 정신적으로 견고하게 다진 사상이다. 사실 그것은 고대인이 만들어낸 가장 원숙하고 고귀한 윤리 사상이다. 또한 모든 사람이 신적 이성과 자연의 이치에 참여할 수 있다고 봄으로써 자연법이나 사해동포(세계시민)주의의 원천이기도 하다.

앞서 인용한 에픽테토스의 말처럼 모든 것은 신의 섭리이자 그것은 신적 이성에 의한 필연적 법칙의 지배를 받는다. 따라서 일어날 모든 일은 반드시 일어난다. 결국 일어난 사건은 바꿀 수 없다. 그것이 비극일지라도 말이다. 그러나 그 사건에 대한 우리의 태도는 얼마든지 바꿀 수 있다. 그러한 맥락에서 스토아 사상은 이미 일어난 사건에 대해 동요하지 않는 마음, 즉 아파테이아(apatheia = freedom from emotion)의 태도를 중시한다.

이상적인 군인상 정립을 위해 종종 스토아 사상이 거론된다. 스토아 사상은 전쟁이라는 극한 상황에서 분노나 두려움을 극복하고, 인간이 통제할 수 없는 일을 견뎌낼 수 있는 일종의 인지요법을 제시한다. 또한 전우에 대한 우정과 공감을 고양하는 데 기여할 수 있고, 다국적 연합작전이나 평화유지군의 임무를 수행하는 군의 현대적 역할에도 적실성이 있다.

우리는 베트남전쟁에서 포로생활을 하면서도 군인으로서의 위엄과 용기를 결코 잃지 않았던 스톡데일(James B. Stockdale) 제독에게서 스토아적 군인상의 면모를 확인할 수 있다. 그는 베트남전쟁 중 8년간 포로로 수감생활을 했으며, 15번 고문을 당했고, 2년간 족쇄를 낀 채로 보냈으며, 독방에서 4년을 보냈다. 그토록 열악한 상황이었지만 그는 다른 방에 수감된 동료들과 변기 닦는 솔로 신호를 보내면서 서로를 위로하곤 했다. 그러한 극한 상황에서 스톡데일은 "나는 내가 있을 곳에 있고 이런 삶을 선사한 신에게 감사

한다"고 고백했다. 그는 에픽테토스의 애호가였으며, 그의 가르침
을 자신의 삶으로 확증한 군인이었다.

성경에도 스토아 사상에 대한 언급이 있다. 사도행전의 저자 누
가는 바울이 아테네에서 스토아 사상가들과 논쟁한 장면을 기록하
고 있다(행 17:18). 그런가 하면 폭풍우가 거세게 몰아치고 성난 파
도가 배를 덮치는 상황에서도 예수께서 평온하게 주무시는 장면이
있다(막 4:37-38). 그 장면은 스토아적 어법으로 말하자면 '아파테
이아'의 탁월한 경지를 보여준다.

그리스도의 군사로서 바울은 대장 되신 예수의 복음전파 명령에
죽기까지 순종했다. 사십에 하나 감한 매를 다섯 번 맞고, 세 번 태
장으로 맞고, 한 번 돌로 맞고, 여러 번 갇히고, 마침내 죽음까지도
넉넉히 견뎌냈다(롬 8:31-39; 고후 11:24-27). 사망의 세력을 잡은
자 마귀가 갇혀 있는 '우주'는 감옥이며, 동시에 그리스도의 군사에
게는 영적 전쟁터이다. 그리스도는 흑암 같은 우주에 생명의 빛을
당기셨고, 마귀의 모든 권세를 멸하셨으며, 이미 승리한 전쟁에 자
신의 군사를 배치시키셨다. 그 때문에 죄와 마귀에 대해서는 죽기
까지 싸우되, 사람에 대해서는 끝까지 용서하고 사랑하는 자가 그
리스도의 군사다.

거대 제국에서 행복에 이르는 길:
에피쿠로스의 정신적 쾌락주의

　　바울이 선교여행을 떠났던 아덴, 빌립보, 고린도 등은 과거 그리
스 세계의 도시국가(polis)였다. 인구가 20만 이상이면 대단히 큰
폴리스였는데, 각 폴리스는 정치적 · 문화적 · 종교적 가치를 공유했
던 공동체였다. 그러나 마케도니아의 알렉산더 대왕의 동방원정에
의해 그리스 세계는 몰락했고, 더 이상 폴리스의 유대감은 찾아볼
수 없었다. 끊임없는 정변과 전쟁이 소용돌이치는 거대 제국에서
사람들은 극도로 위축되었고, 소외감을 느끼지 않을 수 없었다.

　　거대 제국에서 사람들은 불안정한 현실에 의연히 대처하는 세계
시민주의를, 아니면 안심입명을 추구하는 개인주의를 선택했다. 전
자가 스토아학파의 입장이고, 후자가 에피쿠로스학파의 입장이다.
바울은 아테네에서 이들 두 학파의 철학자들과 논쟁한 바 있다(행
17:18).

　　흔히 에피쿠로스는 쾌락주의자로 알려져 있다. 사실 그는 '쾌락'
이 인간 본성에 부합하므로 선이며, 고통은 인간 본성에 부합하지
않기 때문에 악으로 간주한다. 그런데 그가 권장하는 쾌락은 조금
특이하다. 그는 육체적(동적) 쾌락을 적극적으로 추구하기보다는

육체적 고통을 회피하면서 정신적(정적) 쾌락을 추구하는 데 관심
이 많았다. 이는 육체적 쾌락이 충족되기도 어려울뿐더러, 충족된
다 하더라도 원치 않는 고통이 수반되기 때문이다. 그렇다 보니 에
피쿠로스는 최소한의 의식주에 만족해한다. 그의 삶은 외견상 영락
없는 금욕주의의 옷을 입고 있다. 삶의 만족을 위해 욕구를 최대한
줄이는 전략을 선택한 것이다.

에피쿠로스는 '고통으로부터의 해방'을 철학의 목적으로 삼았다.
특히 죽음과 신에 대한 공포의 해소가 관건이었다. 그는 그 해법을
원자론에서 찾았다. 몸도 영혼도, 미세한 정도 차이지, 원자들로 구
성되어 있다. 원자론의 맥락에서 죽음은 원자의 분해에 따른 감각
의 소멸이다. 따라서 죽음은 고통스럽지도 않고, 두려워할 필요도
없는 것이다. 더 나아가 그는 이러한 원자론적 사유를 통해 천체운
동이나 인간사에 대한 신의 개입을 원천적으로 차단했다.

'쾌락은 선, 고통은 악'이라는 에피쿠로스의 관점이 근대 경험주
의 윤리설이나 공리주의에 영향을 미친 것은 주지의 사실이지만 그
의 원자론이 마르크스의 유물론 형성에 영향을 주었다는 점은 주목
할 만하다. 마르크스의 박사학위 논문은 고대 그리스의 두 원자론
자(데모크리토스와 에피쿠로스)의 자연철학에 대한 비교 연구였다.
마르크스는 필연법칙에 의해 모든 것이 결정된다고 보는 데모크리
토스보다 원자들의 궤도 이탈과 충돌을 통해 자유의 가능성을 제시
한 에피쿠로스의 독창성을 높이 평가했다.

에피쿠로스는 삶의 모든 축복 가운데 '우정'을 가장 위대한 것으
로 보았다. 아테네에 소재한 에피쿠로스의 '정원'은 남성은 물론이
고 여성, 노예, 심지어 창녀까지도 포함된 철학적 공동체였다. 에피

쿠로스는 말년에 방광에 돌이 생겨 10년 이상을 앓다가 임종하였다. 그런데 말로 다 할 수 없는 고통의 시간을 벗들과의 우정 어린 대화를 추억하며 견뎌낼 수 있었다. 인생에서 우정의 소중함을 엿볼 수 있는 대목이다.

크리스천은 어떻게 행복에 이를 수 있을까. 에피쿠로스가 최고선으로 간주한 '쾌락'은 헬라어로 '헤도네(hēdonē)'인데, 그것은 신약성서에서 '일락'(눅 8:14), '행락'(딛 3:3), '정욕'(약 4:1, 3) 등 크리스천이 경계해야 할 부정적인 대상으로 언급되어 있다. '헤도네' 대신에 신약성서에서는 '기쁨, 즐거움, 희락'을 의미하는 '카라(chara)'를 주로 사용한다. 그 용례를 살펴볼 때, 크리스천의 기쁨과 즐거움과 희락은 무엇보다 그 근원을 하나님께 두고 있다.

크리스천에게 있어 우정의 토대는 무엇인가. 그 토대는 바로 예수 그리스도이다. 그는 우리를 친구 삼아 주셨을 뿐만 아니라 친구를 위해 고난을 당하시고 죽음을 맛보셨다(요 15:13-15; 히 2:14-15). 그러므로 크리스천은 고통과 죽음의 문제에 대해 예수 그리스도를 의지하는 자이다. 우리는 예수 안에서 하나님의 뜻을 함께 행하는 한 가족이다(마 12:50).

근대의 서막, 신앙과 이성의 분리:
오컴의 면도날과 유명론

중세로부터 근대의 세계상을 이끌어낸 사상사적 계기는 무엇일까? 그것은 바로 '개인'의 등장이다. '개인'의 등장을 가능케 했던 것은 "존재하는 모든 것은 개별자(a particular)이다."라는 명제였다. 이 명제를 제시한 사상가는 잉글랜드 오컴 출생의 윌리엄(William of Ockham, ca.1285-1349, 이하 오컴으로 표기)이다.

오컴은 '전능하신 하나님'을 믿지만 신앙에 대한 이성적 이해를 차단시킨다. 계시에 근거한 신앙과 이성에 근거한 과학은 별개의 지평에 위치한다. 그 때문에 상호 충돌할 염려도 없는 것이다. 이렇게 두 세계를 엄격하게 나눈 원리를 '오컴의 면도날(Ockham's razor)'이라 부른다. 그것은 "복수성은 필연성 없이 가정될 수 없다. 즉, 더 적은 것을 가정하여 설명 가능한 것을 더 많은 것을 가정하여 설명할 필요가 없다."는 사유의 경제적 원리를 의미한다. 그러니까 사실의 세계에서 존재하는 것은 개별자이므로 보편을 끌어들이는 것은 불필요하다는 것이다. 사실의 세계와 신앙의 세계는 상호 침투하지 않으며, 전자는 과학의 언어로, 후자는 계시의 언어로 표현될 따름이다. 이른바 신앙의 진리와 과학의 진리가 서로를 제약

하지 않고 공존할 수 있다는 '이중적 진리관'의 관점이다.

　사상적 근대를 이끌어낸 보다 결정적인 계기는 중세의 보편논쟁에서 오컴의 유명론(唯名論, nominalism)이 기존의 실재론을 논파하고 헤게모니를 장악한 데 있다. 중세 보편 논쟁의 핵심 물음은 다음과 같다. '보편이란 실재하는 것인가, 아니면 이름으로만 있는 것인가?' 이러한 물음에 대해 '보편이 실재한다'는 관점을 실재론, '보편이란 오직 이름으로만 있다'는 관점을 유명론이라고 한다. 유명론의 입장에서 예를 들어보자. 우리는 특정한 시공간 속에 존재하는 '이 장미' 혹은 '저 장미'처럼 개별적인 장미만을 경험할 따름이다. 실재하는 것은 오직 개별적인 장미이며, 보편으로서 장미는 실재하지 않는다. 그러니까 보편으로서 장미는 개별적인 장미로부터 추상된 관념에 불과하며, 실재하는 것은 개별적인 장미라는 것이다.

　실재론은 이성과 보편을, 유명론은 의지와 개별을 강조한다. 오컴이 유명론을 지지하는 심층적인 이유는 이성의 원리에 제약받지 않는 하나님의 의지와 전능함을 확보하는 데 있었다. 옳고 그름의 문제 역시 인간의 이성이 아니라 하나님의 의지가 기준이 된다. 하나님이 어떠한 것을 명령하든지, 그 내용과 상관없이, 그 명령은 선하다는 것이다. 그 때문에 하나님의 명령이 부당하게 보일지라도 그 명령을 따르고자 하는 의지적인 결단이 요구된다.

　이상에서 우리는 오컴의 핵심 사상을 간추려보았다. 그의 이중적 진리관은 근대과학의 비약적 발전의 단초가 되었으며, 그의 유명론은 영국 경험론의 뿌리이자 개인의 권리와 의사를 존중하는 개인주의 및 다수결원리의 이론적 기초가 되었다. 더 나아가 신앙인 개개

인의 믿음과 결단을 강조하는 종교개혁의 정신 또한 유명론의 뿌리
로부터 열매 맺은 것이다. 사실 루터는 '진정한 오컴주의자'로 평가
받기도 한다.

그렇다면 우리는 오컴의 유명론을 그대로 수용해도 괜찮은 것일
까? 실재론적 전통에서 최고의 보편자로서 '하나님'의 존재, 개별
교회를 넘어선 '보편적 교회'의 존재, 타락한 인간의 공통적인 본성
으로서 '원죄'의 존재는 의문의 여지가 없었다. 그런데 유명론적 입
장을 극단화시키면 하나님의 존재 가능성에 대한 문제가 제기될 수
있고, 보편적 교회는 이름으로만 있을 뿐 존재하는 것은 개별 교회
이며, 원죄 역시 이름만일 뿐 존재하는 것은 개별 인간의 범죄로
간주될 수 있다. 실재론과 유명론 사이의 일정 부분 소통이 필요한
대목이다. 다시 말해서 보편이란 창조 전에는 사물에 앞서서 하나
님 안에, 창조 시에는 사물 속에도 존재한다. 더 나아가 창조된 사
물로부터 인간은 보편을 추상할 수 있다고 볼 수 있다.

그런가 하면 신앙과 이성(과학) 간의 소통 가능성 또한 해명되어
야 한다. '태양과 달을 멈춘 사건'(수 10:12-14)과 같이 자연법칙을
초월한 신적 개입의 정당성, 신앙의 건전성 기준, 일반 계시로서 과
학의 위상 등은 신앙과 이성(과학)의 상보성에서 확보될 수 있기
때문이다.

종교적 관용의 가능성과 한계:

로크의 관용론

우리는 다양성과 차이가 심화되고, 그로 인한 사회적 갈등이 누적되는 다문화 사회를 살아가고 있다. 갈등 해소와 상호 공존의 근거로 '관용'의 가치가 부각되는 지점이다.

관용의 담론은 17세기 이후 계몽주의 시대에 개인의 자유가 사회이념으로 정초되면서 논의되기 시작했다. 당시 관용의 초점은 종교개혁 이후 신·구교 간 그리고 신교 내 종파 간 갈등을 완화하고, 신앙의 자유를 확보하는 데 있었다. 사실 기독교 세계는 '사랑'을 최고선으로 추구하지만 과오와 이단의 역사를 지니고 있다. 기독교는 그 성격상 근본 교리에 대한 강한 확신과 정체성으로 인해 상이한 교리 해석을 지닌 종파들은 상호 첨예하게 대립하고, 권력을 등에 업은 종파는 무자비한 칼로 살육을 자행하곤 했다. 수 세기에 걸쳐 동일한 하나님을 믿으면서도 헤게모니를 잡고 있던 가톨릭과 일부 개신교에 의한 '아나밥티스트의 피 흘린 발자취'가 그러한 살육의 대표적인 역사이다. 종교적 관용의 문제에 대해 고민이 요청되는 대목이다. 종교적 관용에 관한 고전으로 로크(J. Locke, 1632-1704)의 '관용에 관한 편지(A Letter concerning Toleration,

1689)'를 음미해볼 필요가 있다.

로크는 '관용에 관한 편지' 여러 곳에서 신앙의 영역과 국가(혹은 정치) 권력 간 거리 두기의 필요성을 강조한다. 그는 '영혼의 구원'이라는 종교적 가치를 권력에 의지하여 실현하고자 할 때, 무수한 박해와 고문, 재산 몰수, 살육이 있었다며, 국가 권력이 신앙의 고유한 영역에 강제력을 행사하는 것에 대해 심각한 우려를 표명한다. 국가는 시민의 생명과 자유와 재산에 대한 권리를 돌보는 데 그 존재 이유가 있으므로 영혼 구원의 문제에까지 개입해서는 안된다는 것이다. 왜냐하면 참된 신앙생활은 내면적이고 충만한 확신에 근거하는데, 권력에 의해 강제되거나 강요된 것은 타율적일 뿐아니라 영혼의 구원도 보장하지 못하기 때문이다. 물론 국가는 교회의 비도덕적·반인륜적 문제에 대해서는 법적인 제재를 가할 수있다. 그것은 국가가 돌보아야 할 시민의 권리 침해와 관련된 문제이기 때문이다.

로크는 청교도적 경향을 지닌 영국 국교도였지만 당대의 다양한 기독교 종파들, 이를테면 장로교회, 조합교회, 아나밥티스트, 알미니안주의, 퀘이커교회 등에 대해 관용할 것을 주장하였다. 그는 인간이 본성상 어떤 특정 교회나 종파에 제약되어 있지 않고, 하나님을 참되게 영접할 수 있는 고백과 예배가 있는 그러한 결사체에 자유롭게 참여할 수 있다고 보았다. 그런데 자유롭고 자발적인 결사체로서 교회에 속한 한 사람이 이단적인 견해를 가졌을 경우 어떻게 할 것인가. 교회가 할 수 있는 최후의 방법은 그를 출교시키는 것이다. 이러한 견지에서 로크는 정통 교리에 반하는 신앙의 신봉자에 대해 폭력과 피로써 단죄하였던 제네바의 칼뱅에 의한 신정

통치는 예수에 의한 복음 시대에 정당하지 않은 것으로 간주했다.

로크가 종교적 관용론을 적극적으로 주장할 수 있었던 배경은 무엇일까. 무엇보다 그는 '개인의 양심과 자유'를 존중하는 자유주의의 옹호자였다. 그 때문에 구원의 문제는 개인의 선택과 결단에 달려 있다는 것이다. 그러나 하나님의 존재를 부정하는 무신론적 선택과 결단까지 허용한 것은 아니다. 무신론은 종교의 기반을 약화시키고, 무신론자는 사회의 결속 근거(약속, 언약, 맹세)를 간과할 것으로 보았기 때문이다. 이는 오늘날 비판을 받는 대목이다.

로크의 종교적 관용론의 또 다른 근거로 인식론적 상대주의를 들 수 있다. '인식론적 상대주의'란 인간의 이성 능력이 유한하므로 하나님의 진리는 절대적일지라도 그것에 대한 이해 방식은 상대적이며 오류 가능성을 내포하고 있다는 것이다. 따라서 로크는 설령 이단으로 몰릴지라도 성경의 명백한 가르침을 견지하는 사람이라면 그를 크리스천으로 간주한다.

끝으로 관용의 지속성 확보를 위해 관용의 역설과 한계를 생각해 보자. '관용의 역설(paradox of toleration)'이란 무제한적인 관용은 관용을 소멸시킨다는 것이다. '자신만 옳고 타인의 견해는 모두 그르다'는 불관용자에게 무한한 관용을 베푼다면 어느 순간 불관용자의 공격으로부터 관용이 질식될 수 있다. 그러므로 관용의 적절한 한계 또한 필요하다.

저주받은 범신론자의 신을 향한 사랑:
스피노자의 '영원의 상 아래에서'

철학사에서 스피노자((B. de Spinoza, 1632-1677)만큼 심한 비판과 모욕을 받은 이도 드물 것이다. 그는 당대 지식인으로부터 숱한 저주의 대상이었다. 특히 유대인이었던 스피노자에게 내려진 유대교의 파문선고에는 율법서에 기록된 온갖 저주가 담겨 있다.

스피노자의 부모는 종교의 자유를 찾아 네덜란드 암스테르담에 이주한 포르투갈계 유대인이었다. 부모는 아들이 랍비가 되기를 원했지만 유대인 학교에서 스피노자는 무신론자와 이교도로 낙인찍힐 만한 주장을 하곤 했다. 가령, 그는 '신은 육체가 없다'라거나 '천사의 실존'이나 '영혼불멸'을 뒷받침할 성서의 과학적 근거가 없다는 주장이 그 예이다.

스피노자의 '신' 개념을 이해하기 위해서는 그의 철학적 배경을 살펴볼 필요가 있다. 그의 사상은 무엇보다 세계를 인과관계와 필연성의 맥락에서 파악하는 뉴턴의 물리학적 사고를 바탕으로 한다. 그 때문에 자연은 인과의 필연적 연쇄 속에서 움직이는 하나의 거대한 기계이다. 거대한 기계로서 자연은 신과의 내면적 상관성이 없어 보인다. 따라서 자연과 신을 동일시하는 스피노자의 주장은 우리에게 한참 낯설게 다가온다.

'경험하는 나' 혹은 '생각하는 나'를 철학의 출발점으로 삼았던 근대사상가들과 달리 스피노자는 '신'을 자신의 사상을 전개하는 단초로 삼았다. 그의 명저 『에티카』 역시 '신'으로부터 논의가 전개된다. 그에 따르면 신은 자연 안의 유일한 실체이며, 절대적으로 무한하다. 즉, 신은 '무한 실체'이다. 그런가 하면 존재하는 모든 것에 신이 내재해 있다는 주장은 흔히 범신론으로 읽힌다.

그렇다면 무한 실체로서 신은 어떻게 현존할까? 신은 한편으로는 크기와 양을 지닌 그래서 측정 가능한 '사물'로, 다른 한편으로 사고하고 사유하는 '정신'으로 나타난다. 그러니까 사물과 정신은 무한 실체로서의 신의 양태라는 것이다. 여기서 양태란 하나의 실체를 표현하는 두 방식이다. 즉, 신은 물리학의 대상인 자연이자 동시에 정신활동을 하는 사유인 것이다. 그런데 신을 인식한다는 것은 이성 능력을 지닌 인간에게 고유한 현상이다.

이성 능력을 무엇보다 강조하는 스피노자가 자유의지를 부정한다는 점은 충격적이다. 그에 따르면 신은 존재하는 모든 것의 원인이며, 모든 것은 신적 본성의 필연성에 의해 결정되어 있다. 그러니까 우리가 자유롭게 결단했다고 하는 모든 일은 이미 영원 전부터 필연적 원인의 연쇄를 통해 결정된 것이다. 이렇게 엄격한 결정론적 관점에서 행복과 자유가 가능할까. 이에 대해 스피노자는 그 해법을 모든 것의 원인이 되는 신을 인식하는 데서 찾는다. 그것은 '영원의 상(관점) 아래서(sub specie aeternitatis)' 바라보는 인식 태도이다. 그런데 신에 대한 사랑이란 감정이나 정서가 아니고, 이성에 따른 지적인 인식의 태도일 뿐이다.

스피노자는 신이 더 큰 완전성이나 더 작은 완전성으로도 이행할 수 없고, 기쁨이나 슬픔의 정서에도 영향 받지 않기 때문에, 말씀이 육신이 되어 오신 예수의 성육신 사건을 용인하지 않는다. 그런가 하면 신이 자연에 내재한다고 보기에 신의 초월성을 부정하고, 자연 자체가 신이므로 자연의 피조성 또한 부정한다. 기독교의 근본 진리를 전복하는 급진적 사상이다.

그럼에도 불구하고 스피노자의 사상은 크리스천에게 일정 부분 시사하는 바가 있다. 기독교는 천사를 통해 계시된 율법과 예수를 통해 계시된 복음을 신앙의 핵심 요소로 삼는다는 점에서 계시종교이다. 그러나 계시종교가 지닌 비합리성이나 독단론과 권위주의에 대한 스피노자의 비판은 이성과 상식을 차단시키는 독단적 태도에 대한 건전한 문제 제기이기도 하다. 또한 성서를 이성의 렌즈로 보려 하는 그의 성서 해석학적 접근은, 그 한계가 분명하지만, 유의미한 시도이다. 그런가 하면 현실의 문제를 '영원의 상(관점) 아래서' 인식하고자 하는 태도는 모든 일을 '하나님의 뜻 가운데서' 파악하고자 하는 크리스천의 태도와 맞닿아 있다.

아브라함의 이삭 결박사건을 논하다:
칸트와 키르케고르의 가상적 대담

옳고 그름의 고전적인 이론으로 신명령론(divine command theory)이 있다. 신명령론의 대표적인 사례로 우리는 아브라함의 이삭 결박사건을 들 수 있다. 흔히 아브라함이 아들 이삭을 바친 사건은 아브라함을 향한 믿음의 시험으로 불리지만 고대로부터 이 이야기는 자신을 기꺼이 희생 제물로 바치고자 했던 이삭의 관점으로 이해되기도 했다.

유대교에서는 '이삭의 아케다(Akedah)', 즉 '결박당한 이삭'의 맥락을 강조하고, 그 이삭은 이스라엘을 상징한다고 보았다. 그러한 연장선상에서 유대인들은 나치 체제하의 유대인 학살이 600만 명의 이삭을 만들어낸 것으로 간주한다.

한편 기독교에서는 전통적으로 이삭의 희생은 인류를 위한 예수 그리스도의 십자가를 예표하는 것으로 받아들여져 왔다. 아우구스티누스에 따르면 이삭이 자기 자신을 희생 제물로 바치기 위해 나무를 짊어지고 모리아산을 올라갔듯이, 예수 그리스도 또한 자신을 하나님 앞에 인류를 위한 희생 제물로 드리고자 십자가를 등에 지고 오르셨다는 것이다.

아브라함의 이삭 결박사건은 하나님의 말씀, 즉 그의 명령을 순종하는 것을 핵심으로 하는 기독교 신앙의 맥락에서는 충분히 정당화될 수 있다. 예수께서도 하나님 아버지의 명령을 따르는 데서 영생이 가능함을 말씀하셨다(요 12:49-50). 그런데 아브라함의 이삭 결박사건은 윤리적으로도 정당화될 수 있을까? 이에 대한 해명은 이성의 길과 의지의 길 두 갈래로 살펴볼 수 있다. 아브라함의 이삭 결박사건을 이성의 길로 접근하는 대표적인 사상가로 칸트(I. Kant)를, 의지의 길로 접근하는 대표적인 사상가로 키르케고르(S. Kierkegaard)를 들 수 있다. 다음은 아브라함의 이삭 결박사건을 둘러싼 칸트와 키르케고르의 가상적 대담이다.

A: 아브라함의 신앙은 지나치게 독단적입니다. 어떻게 아내와도 상의하지 않고, 심지어는 아들의 동의도 구하지 않고, 그 아들을 희생시키는 극단적 행위를 할 수 있습니까?

B: 나는 그렇게 생각하지 않습니다. 원래 신앙이란 단독자로 하나님과 대면하는 것입니다. 우리가 사랑하는 사람을 위해 온갖 것을 포기하는 것처럼, 아브라함은 하나님을 사랑하는 자였기에 자식은 물론이고, 아내까지 포기한 것입니다.

A: 당신 말은 신앙을 위해서라면 이성의 요구를 포기해야 한다는 것으로 들리네요. 아브라함에게 나타난 이는 악마일 수도 있을 텐데, 이성을 포기한다면 비극적인 선택을 하는 게 아닐까요? 사실 아브라함은 "이러한 명령을 한 당신이 참 신이라는 게 이성적으로는 불확실하지만 이삭을 죽여서는 안 된다는 것은 이성적으로 확실합니다"라고 답변해야 했습니다.

B: 당신은 신앙을 이성에 근거하여 설명하는군요. 그러니까 당신은 이성으로부터 신앙이 성립할 수 있고, 신앙의 본질은 이성이 명령하는 도덕성을 따르는 데 있다고 보는 것 같군요. 나역시 이성과 도덕이 추구하는 보편성의 중요성을 알고 있소. 하지만 이성과 도덕이 인간에게 죄 사함과 영생을 보장하지는 못합니다.

A: 당신은 신앙을 위해 이성을 십자가에 못 박았군요. 하지만 이성을 차단한 신앙은 맹목적이고, 비합리적이고, 타율적이고, 광신적인 것으로밖에 볼 수 없습니다. 은혜만 강조하고, 도덕적 요구를 무시하는 신앙인보다는 선한 행위를 지닌 후에 은혜를 소망하는 게 옳다고 생각합니다. 이성의 명령은 하나님의 명령과 다름없기에, 도덕성은 신앙의 본질인 것입니다.

위의 가상적 대담에서 A는 칸트를, B는 키르케고르를 대변한다. 칸트는 성경을 이성의 렌즈로만 바라본다. 하나님의 명령도 이성의 렌즈로 바라본다. 다시 말해서 하나님의 명령으로 간주되는 어떤 것이 이성이 요구하는 보편성을 담보하지 못한다면 그 명령을 따라서는 안 된다는 것이다. 칸트에게서는 이성이 하나님의 자리를, 이성의 명령이 하나님의 명령을 대체한다. 그렇기 때문에 하나님은 아브라함에게 이삭을 바치라는 명령을 하지 않는다는 것이다. 아브라함의 이삭 결박사건은 아브라함이 이삭을 죽이려고 한 것이므로 윤리적으로 정당화될 수 없다는 것이다. 도덕이 신앙의 우위에 있는 것이다. 그래서 칸트의 관점을 도덕신앙이라고 일컫는다. 도덕신앙은 세상으로부터 환영과 칭송을 받을 가능성이 크다.

한편 키르케고르는 그의 저서 『공포와 전율』에서 칸트가 제시한 '신앙에 대한 도덕의 우위'를 부정한다. 물론 그가 이성이 요구하는 도덕성을 모르는 바 아니다. 다만 인간의 죄와 유한성의 문제는 도덕을 넘어서서 '신 앞에 단독자'로 설 때에만 해소될 수 있다는 것이다. 아브라함의 이삭 결박사건을 이성(도덕)의 렌즈로 보면 '이삭을 죽이려 한 것'이지만 의지(신앙)의 렌즈로 보면 '이삭을 바치려고 한 것'이다. 아브라함은 살인자일까, 아니면 믿음의 사람일까? 키르케고르는 보편성을 담보하는 도덕성보다 신 앞의 단독자로서의 개별성을 추구하기 위해 "윤리적인 것의 목적론적 정지"를 감행한다. 키르케고르는 아브라함의 이삭 결박사건에 담겨 있는 믿음이 지닌 역설을 제시한다. "살인마저도 하나님의 마음에 드는 신성한 행위로 만들 수 있다는 역설", "하나님이 이삭을 아브라함에게 다시 돌려준다는 역설", 이러한 역설은 이성적인 사유로는 파악할 수 없다. 믿음이란 사유가 끝나는 곳에서부터 시작된다. 믿음이란 이러한 역설에서 이성(도덕)의 보편성이 아니라 의지(신앙)의 개별성을 따르는 좁은 길이다. 이 길은 세상이 이해하지 못하고, 때로는 비난과 조롱을 받는 길이기도 하다.

신앙은 이성의 길보다는 의지의 길에 가깝다고 필자는 생각한다. 그렇다고 성경에서 제시한 의지의 길이 맹목적인 것은 아니다. 아브라함은 "죽은 자를 살리시며 없는 것을 있는 것 같이 부르시는 하나님"을 믿었다(롬 4:17). 아브라함이 지닌 믿음의 위대함은 "하나님이 거짓말을 하실 수 없는 이 두 가지 변치 못할 사실", 즉 아브라함에게 아들을 주어 큰 민족을 이루게 하시겠다는 하나님의 "약속(epangelia)"과 "맹세(orkos)"를 끝까지 신뢰했다는 데 있다(히브리서 6:13-18).

'한계상황'에서 선택과 결단 통한 실존신앙 추구:
야스퍼스의 유신론적 실존주의

우리는 단순히 마지못해 살아가기보다 의미 있게 제대로 살아가기를 원한다. 그런데 삶의 진정성은 대체로 우리가 넘어서기 어려운 한계에 직면하여 그것을 극복하는 데서 확보된다. 이렇게 한계상황과 실존적 삶을 강조한 철학자로 야스퍼스(Karl Jaspers, 1883-1969)를 들 수 있다. 그는 『정신병리학 총론』(1913)을 집필한 정신의학자이자 '철학적 신앙'을 강조한 유신론적 실존철학자이다.

야스퍼스에 따르면 놀라움(경탄)이나 의심(회의)뿐만 아니라 '한계상황'이라는 실존적 정황 또한 철학함(doing philosophy)의 근본 계기이다. '왜 내가 죽어야 하는가?', '왜 병에 걸려야 하는가?', '왜 나는 곤경에 처하는가?', '왜 도덕적인 자가 현실에서 불행하며, 악한 자가 행복을 누리는가?' 인간은 불가피한 이러한 한계상황에 직면하여 초월자에게로 나아가며, 자신의 본연의 삶을 살 수 있다는 것이다. 신앙인이라면 쉽게 이해할 수 있는 대목이다.

야스퍼스는 삶과 죽음을 배우는 것을 철학함의 주요 과제로 삼았다. 무엇보다 죽음의 문제에 직면하는 것이 올바른 삶을 위한 전제이다. 사실 죽음의 문제는 인간이 직면할 수 있는 대표적인 한계상황이다. 죽음은 '단순한 생존을 위해 살아가는 인간의 삶(Dasein, 현존)'을 난파시키는 일종의 벽이다. 그 벽에 부딪혀 절망하고 두려움 가운데 소멸에 이를 수도 있다. 그러나 죽음이라는 벽은 자신의 한계를 넘어서서 초월자에게로 나아갈 수 있는 계기이다. 더 나아가 그것은 초월자가 선사한 자유에 근거하여 '선택과 결단을 통해 진정성 있는 삶(Existenz, 실존)'의 비약을 가능케 한다. 그러기에 죽음은 '실존의 거울'인 셈이다.

그런데 죽음과 같은 한계상황에서만 초월자가 드러나는 것은 아니다. '지금 여기에서' 선택과 결단을 통해 '본래적인 자신(실존)'이 될 때마다 초월자가 드러난다. 그런데 초월자는 주관과 객관을 포괄하고 있기 때문에 직접적인 인식의 대상이 될 수 없다. 다만 영원한 신비 속에 숨어 있는 초월자는 구체적인 삶의 자리에서 선택과 결단의 순간마다 '암호'로 드러난다. 신화, 종교적 계시, 의례, 교리, 시, 예술, 철학적 사변 등 무엇이나 초월자의 '암호'가 될 수 있으며, 그 암호는 초월자의 '부름'이자 '언어'이다. 신앙이란 초월자의 암호를 해독하는 것이다. 그런데 초월자의 암호는 애매성을 지니고 있기 때문에 언제나 해석자 자신의 확신과 결단이 요청된다. 요컨대 야스퍼스의 철학적 신앙은 매 순간 들려오는 암호들을 통하여 초월자와 간접적으로 관계하는 '실존의 신앙'이라는 색채가 짙다.

그런데 야스퍼스에게 있어서 '초월자'는 인격신의 개념이 배제된 절대자라는 점에서 성육신 한 하나님(예수)과는 거리가 멀고, 그가 추구한 '철학적 신앙' 역시 기독교의 계시신앙과 대립된다는 점에 주의할 필요가 있다. 물론 그의 철학적 신앙은 중세 기독교적 신비주의에 근접한다. 그러나 야스퍼스는 기독교의 특별계시가 지닌 진리관이 실존적 자유를 축소시키고, 다양한 종교 간의 개방적 교제를 차단시킨다는 점을 경계한다. 사실 야스퍼스는 예수를 소크라테스, 부처, 공자와 함께 초월자를 지향하는 이상적 인간이자 철학자로 간주한다. 이 때문에 그를 기독교의 근본 가르침을 지지하는 사상가라고 말하기는 어렵다. 그의 철학적 신앙은 '내재적 초월자'를 지향하며, 감각대상으로서 형상을 지닌 초월자는 거부한다. 성육신하신 예수가 철학적 신앙에서 거친 돌로 비칠 수 있는 대목이다. 그래서일까? 예수는 자기 자신 때문에 실족하지 않는 자가 복되다고 이미 말씀하셨다(마 11:6).

크리스천은 물과 피로 임하신 예수 그리스도를 통해서 자유를 부여받은 자가 아닐까?(요 8:36) 또한 그를 통하여 죽음이라는 한계상황을 극복하게 된 자가 아닐까?(히 2:14-15) 더 나아가 크리스천은 예수 이름으로 보내신 성령을 통해 삶의 구체적인 현장에 담겨 있는 무수한 암호들을 성경 말씀에 근거하여 해독함으로써 하나님의 뜻을 성취하는 자가 아닐까?

악이란 무엇인가:
리쾨르의 '악의 상징 해석'

'악이란 무엇인가?' 그것은 전적으로 인간의 자유의지의 산물인
가, 아니면 인간을 넘어선 어떤 실체나 존재인가. '인간은 왜 죄인
인가?' 죄를 지어서 죄인인가, 아니면 죄인이기에 죄를 짓는 것인
가. 흔히 원죄(original sin)는 아담의 범죄 결과가 후손에게 유전되
는 것으로 간주된다. 그 때문에 악에 대한 생각이 전혀 없는 태아
까지도 원죄의 굴레에 매이게 된다.

'상징'을 통해서 원죄나 악의 문제를 해명하고자 하는 대표적인
사상가로 우리는 리쾨르(Paul Ricoeur, 1913-2005)를 들 수 있다.
그는 현상학과 해석학을 결합한 '해석학적 현상학'을 정립하였고,
이를 신화학, 성경주석, 정신분석, 은유와 서사 이론 등을 포괄하는
텍스트 해석 연구로까지 확장했다. 리쾨르 교수는 가톨릭 국가인
프랑스의 개신교 가정에서 자랐으며, 기독교적 사회 참여에도 관심
을 기울인 현대 철학의 거장이다. 지면의 제약을 고려하여 그의
"악의 상징 해석"에 나타난 원죄 문제를 해명하는 데 초점을 맞추
고자 한다.

리쾨르에 따르면 원죄 개념은 채무라고 하는 '법'의 범주와 유전

이라고 하는 '생물학'의 범주를 원래의 언어에 덧입힌 것이기에 거짓 앎이다. 어거스틴(354-430, 아우구스티누스)이 원죄 개념을 제안한 이유는 무엇일까. 그는 영지주의자들 그리고 펠라기우스 및 그 추종자들과 논쟁하는 과정에서 기독교회를 지켜내기 위해 원죄라는 개념을 창안했다.

영지주의자들은 '신성한 요소들이 물질로 이루어진 악의 세계에 갇혀 있는데, 자신이 누구인지 그리고 어떻게 물질의 세계를 벗어날 수 있는지에 대한 비밀한 지식(Gnosis)을 알 때에 비로소 해방될 수 있다'고 주장했다. 그들에 따르면 사람에게서 악이 나온 것이 아니다. 악은 사람 밖에 있는 어떤 물리적 실체이다. 리쾨르는 어거스틴의 원죄 개념을 악에 대한 영지주의적 해석에 맞서 싸우다가 말하는 법이 영지주의와 유사하게 된 결과로 보았다. 어거스틴에 따르면 하나님은 선하시므로 그가 창조한 모든 것은 선하다. 그렇기 때문에 악은 실체(존재)가 아니라 선이 결여된 상태이다. 악은 사람에게서 난 것이며, 자유의지의 산물인 것이다.

한편 어거스틴은 철저한 주의주의자인 펠라기우스와도 논쟁했다. 펠라기우스는 '네 앞에 생명과 사망과 복과 저주가 있다. 살기 위해 생명을 택하라'는 신명기(30:19) 말씀을 근거로 사람은 죄를 지을 수도 있고, 짓지 않을 수도 있는 자유가 있다고 보았다. 어거스틴 역시 주의주의 전통에 서 있었지만 펠라기우스의 자유개념에는 반대했다. 어거스틴은 '나는 야곱을 사랑하고 에서를 미워하였다'(롬 9:13)는 말씀을 근거로 에서는 태어나기 전부터 죄인이었다고 간주한다. 어거스틴에게 있어 자유의지론에 대한 예정론의 우위를 확인할 수 있는 지점이다. 자유의지를 지녔던 아담이 범죄를 저지른 이후, 그 원죄가 대물림(유전)되므로 모든 사람은 하나님의 은혜 없이는 회복할 수 없는 타락한 본성을 지니게 되었다는 것이다.

리쾨르에 따르면 옛사람의 모형인 아담과 그 신화를 사실로 받아들이면 근본주의가 되고, 아담의 타락을 자유의지의 문제로만 간주하면 도덕적 세계관을 강조하는 합리주의가 된다. 근본주의가 마치 남의 잘못이 생물학적으로 유전된다는 폐해를 낳았다면 합리주의는 아담을 유혹한 뱀의 은유처럼 '이미 있는 악'을 간과하게 된다. 이들 양극단에서 리쾨르는 '상징으로 돌아가 그 의미를 해석하는 길(상징해석학)'을 선택한다.

다음은 리쾨르가 제시한 아담의 신화 해석 시 주의사항이다. 첫째, 그것은 이스라엘의 죄의 고백을 말하기 때문에 원죄 개념은 죄의 고백을 촉구한다. 둘째, 악은 사람에게서 시작되지만 '이미 있는 악'의 유혹이 관여한 것이기에 나의 책임과 죄에도 불구하고 용서와 희망의 자리가 있다. 이제 악의 문제는 구원의 문제와 짝을 이루며, 악의 상징 해석은 기독교적 종말론을 지향한다. 삶과 신앙의 의미를 풍요롭게 하는 해석이다. 다만 지성에 기반한 상징 해석이 성경의 진리를 온전하게 해명할 수 있는가에 대한 의문은 여전히 남는다.

과학기술 시대의 책임윤리:
요나스의 '공포의 발견술'

근대는 존재론에서 인식론으로 패러다임이 전환된 시대이다. 존재론의 시대에는 창조주의 존재 질서 가운데 인간의 문제가 해명되었다. 그러나 인식론의 시대에는 '생각하는 나[我]' 혹은 '경험하는 나'가 철학함의 척도이며 창조주보다 선행한다. 이 때문에 인식론의 시대에는 자연(피조물)은 물론이고, 창조주까지도 인간의 욕구 충족을 위한 한갓 수단에 불과하다. 왜냐하면 인식론(epistemology)은 (외부 대상을 이용하거나 지배하기 위해) 인식주체[我]가 자기 이외의 것을 인식대상으로 파악하고자 하는 성격이 강하기 때문이다. 반면 근대 이전까지 지배적이었던 존재론(ontology)은 (세계에 대한 전체적이고 통일적인 이해를 위해) 존재하는 것들의 존재 근원에 대해 파악하고자 하는 성격이 강했다.

따라서 근대 인식론에 기반한 과학적 인식에는 자연을 지배하고 정복하는 구도가 현저하다. 그러나 자연에 대한 인간의 지나친 승리에 반성적 성찰이 없다면 결국 파국으로 치닫지 않을까? 인간의 책임 영역을 자연으로까지 확장할 필요성이 제기되는 대목이다. 사실 자연에 대한 책임의 원형은 에덴동산의 아담에게서 확인할 수 있다. 하나님은 그가 보시기에 좋았다고 한 피조물에게 이름을 짓고, 그들을 다스리는 권한을 아담에게 부여하셨다. 그러므로 아담의 범죄는 땅의 저주를 초래한 것이다.

한스 요나스(Hans Jonas, 1903-1993)는 과학기술 시대의 생태학적 위기를 극복하기 위한 책임윤리를 강조한다. 책임윤리를 다루는 그의 저서『책임의 원칙』에는 현대 철학의 논의뿐 아니라, 고중세 철학은 물론이고, 유대교 및 기독교 신학사상에 이르기까지 폭넓고 심오한 지식이 담겨 있다. 이는 요나스가 독일 태생의 유대인으로 하이데거 밑에서 철학을, 불트만 밑에서 신학 공부를 하였으며, 그 두 스승의 지도로 박사학위("그노시스의 개념")를 수여받은 데서 그 연유를 쉽게 알 수 있다.

근대 이후 과학기술을 통해 힘을 부여받고, 경제를 통해 무한한 충동을 부여받아 쇠사슬의 한계를 끊고 풀려난 프로메테우스(인간)에게는 자신의 권력이 스스로에게 불행을 초래하지 않도록 그 권력을 자발적으로 통제할 수 있는 새로운 윤리학이 요청된다. 이른바 책임윤리의 요청이다!

요나스는 새로운 윤리학적 사유의 나침반으로 이른바 '공포의 발견술(heuristics of fear)'을 제시한다. '공포의 발견술'이란 현재의 사건이나 행위가 미래에 초래할 위험을 미리 앞당겨 사유함으로써 그 출구나 해법을 찾는 전략을 의미한다. 나날이 두 배로 번식하는 수련(睡蓮)이 있다고 가정해보자. 그런데 호수 표면의 2분의 1만을 남겨놓았을 때 수련이 번식 행동을 개시하면 때는 너무 늦을 것이다. 왜냐하면 그때는 단 하루밖에 남지 않기 때문이다. 이처럼 초래될 수 있는 위험을 미리 숙고하여 그것을 미연에 예방해야 한다는 것이 그의 논점이다. 공포의 발견술이 활성화되기 위해서는 고도의 민감성이 요구된다. 우리는 이를 무기 기술의 발달과정에서도 알 수 있다. 다음은 요나스를 정신적 스승으로 삼는 회슬레의 예시이다.

　원시인은 자신의 종족을 쐐기로 내려칠 때, 가까운 거리에서 적과 싸워야 했다. 그가 구체적인 적개심을 표출한다고 해도 적의 눈을 똑바로 쳐다보아야만 했다. 그리고 적의 피가 튀어오를 때면 그는 자신의 행위가 기괴함을 의식하게 된다. 그런데 총(銃)이라는 무기가 발명되었을 때, 희생의 양상이 달라진다. 먼 거리에서 희생자를 눈으로 직접 보기는 어렵지만, 총에 맞은 적의 고통 소리는 들을 수 있다. 그런데 대량학살 무기가 등장하면서 그러한 음향적인 접촉마저도 사라지게 된다. 완벽하게 무장된 공간 속에서 원자폭탄이 장착된 대륙간유도탄의 스위치를 눌렀던 장군은 그가 죽이는 적군과 아무런 구체적인 접촉을 갖지 못했다.

　우리가 살고 있는 과학기술 시대에는 '과학이 너희를 자유케 하리라'는 광고의 카피가 자연스러울 정도로 과학에 대한 믿음이 팽배하다. 그런데 과학기술은 지극히 사소하게 보이는 행위일지라도 인간이 통제할 수 없을 정도로 그 영향력을 증폭시킨다. 상대방의 얼굴을 보고 내뱉은 욕과 인터넷 공간에서 댓글로 달아놓은 욕은 그 성격도 다르고, 그 영향력도 비교할 수 없을 정도로 차이 난다.

　그러므로 과학기술 시대의 책임 있는 행위를 위해서는 항상 그것이 미칠 부정적인 영향력을 고려할 필요가 있다. 요나스는 "네 행위의 준칙이 항상 그리고 동시에 보편적 입법의 원리가 되도록 행위하라"는 칸트의 정언명법을 과학기술 시대에 요구되는 생태학적 사유로 전환시킨다. "네 행위의 결과가 지상에서 (인류의) 진정한

삶의 지속과 조화될 수 있도록 행위하라." 여기서 우리는 요나스의
책임윤리의 명법이 현세대뿐만 아니라 미래세대에 대한 책임 또한
촉구함을 알 수 있다.

타자의 얼굴은 나에게 무엇을 요청하는가:
레비나스의 타자성의 철학

근대의 사상적 뿌리는 '개인'의 탄생이다. 근대철학의 맥락에서 보자면 그것은 '생각하는 나(cogito)'의 탄생인 것이다. 사람들은 생각하는 '나'를 통해 이웃과 세계와 하나님을 바라보는 데 익숙해 있다. 그런데 그러한 태도는 하나의 '폭력'이 아닐까? 왜냐하면 나와 다른 이를 '나'로 환원시키거나 동화시키기 때문이다. 나와 '다른 이'를 통해서 나와 세계와 하나님을 바라보는 것이 가능할까?

서양철학에 노정되어 온 자아 중심적 사유로부터 탈중심화, 즉 '주체의 해체'를 지향하는 타자성의 철학을 정초한 대표적인 사상가로 레비나스(Emmanuel Levinas, 1906-1995)를 들 수 있다. 그는 리투아니아에서 출생한 유대계 철학자로서 현대 프랑스 철학자 가운데 가장 독창적인 철학자로 간주된다. 그의 사상적 배경에 성서가 한편에 있고, 플라톤과 아리스토텔레스와 데카르트 그리고 칸트가 다른 한편에 위치한다. 그런가 하면 그는 러시아의 고전들을 탐독했고, 후설과 하이데거의 현상학을 비판적으로 수용·발전시킴으로써 타자성의 철학을 정립하였다. 그런데 그의 타자성의 철학은 근본적으로 윤리학의 색채를 띠고 있다.

근대 윤리학의 대표적인 사상가로서 칸트가 이성에 근거한 동일성(identity, sameness)의 윤리를 추구한다면, 탈근대주의 사상가인 레비나스는 도움을 호소하는 얼굴에 근거한 타자성(alterity, otherness)의 윤리를 추구한다. 이들 두 윤리의 성격을 비교해보자.

'동일성의 윤리'란 나와 남이 대칭적인 관계에 있으며, 상호성을 강조하는 윤리이다. "네 의지의 준칙이 항상 그리고 동시에 보편적 입법의 원리가 될 수 있도록 행위하라"는 칸트의 정언명령이 대표적인 동일성의 윤리이다. 그런데 동일성의 윤리는 인간이라면 누구나 따라야 할 '의무' 내지 '최소한의 윤리'이다. 또한 동일성의 윤리는 우리에게 누군가를 배려해야 하는 근거가 타자에게 있는 것이 아니라 이성적 주체로서 '나'에게 있다. 사실 타자가 우리 앞에 없더라도 이성은 내가 어떻게 행동해야 하는가를 규정해줄 수 있다.

한편 동일성의 윤리에 대비되는 것으로 레비나스의 '타자성의 윤리'는 타자와 맺는 비대칭적 관계에 근거한다. 자녀에 대한 부모의 태도에서 타자성의 윤리가 지닌 비대칭적 성격을 엿볼 수 있다. 여러 가지 일로 아파하는 자녀의 '얼굴'은 부모에게 모종의 명령을 내린다. 부모는 아파하는 자녀의 '포로'이자 '인질'이다. 그래서 자녀에 대한 부모의 책임은 한계가 없는 것이다. 이처럼 고통하는 타자의 '얼굴'은 명령으로 다가온다.

레비나스에 따르면 타자는 동일성의 윤리에서 말하듯 결국 '나'로 환원되는 '또 다른 나'가 결코 아니다. 타자는 '내가 아닌 사람'이다. 그래서 나와 전적으로 다른 사람이다. 타인의 '얼굴'은 유일회적이어서 다른 어떤 것으로도 환원되지 않고, 나를 향해 도움을 요구하며 나를 소환한다. 그렇게 타인의 '얼굴'에 대한 성실한 응답을 통해 나의 나됨, 즉 나의 주체성이 성립한다. 나의 주체성은 타인의 얼굴에 의해서 세워지므로 주격(I)이 아니라 목적격(me)이다.

이처럼 레비나스는 나와 전적으로 다른 타자의 타자성에 근거하여 책임의 문제를 해명한다. 그런데 그 책임에는 한계가 없다. 그 때문에 타자성의 윤리는 '초과의무' 혹은 '최대한의 윤리'를 지향한다. 그것은 보상을 바라지 않는 책임이자 무한책임을 요청한다. 나는 헐벗고 굶주리고 소외된 타인의 '얼굴'이 부과한 책임을 성실하게 이행하고 있는가. 마치 주님 이외에 누구도 나의 죄를 '대속'할 수 없듯이 나에게 부과된 책임은 누가 대신해줄 수 없다.

우리는 타인을 통해서 사회를 보고, 세계를 보고, 하나님을 볼 수 있어야 한다. 타인은 내가 장악할 수 없고, '또 다른 나'로 환원될 수 없기에 일종의 무한자이다. 무한자로서 타인은 내가 환대하고 섬겨야 할 고아와 객과 과부의 얼굴로 나에게 다가온다. 주님은 객과 고아와 과부처럼 지극히 작은 자에게 한 것이 바로 그(주님)에게 한 것이라고 말씀하셨다(마 25:31-46).

누가 열린 사회의 적들인가:
포퍼의 정치철학

우리는 파시즘이나 공산주의 같은 '전체주의 사회(닫힌사회)'보다 개인의 자유를 보장하는 '자유주의 사회(열린사회)'를 선호한다. 닫힌사회의 사상적 뿌리를 검토하고, 열린사회의 비전을 제시한 대표적 사상가로 포퍼(K. Popper, 1902-1994)를 들 수 있다.

포퍼는 오스트리아 비엔나 태생의 유대인이다. 그는 루터교로 개종한 부모의 신앙을 물려받았고, 비엔나 대학에서 수학, 물리학, 철학을 전공하였다. 나치의 유대인 박해를 피해 뉴질랜드로 이민했다가 제2차 세계대전 후 영국에서 주로 활동하였다. 그의 주된 관심사는 과학철학이지만 사회적·정치적 문제에 깊은 관심을 기울였고, 그 분야에서도 탁월한 성취를 이뤄냈다.

"젊어서 마르크스주의자가 되어보지 않는 자는 바보요, 나이 들어서까지 마르크스주의자로 남아 있는 자는 더 바보다"는 독설은 포퍼 자신의 경험에서 기인한다. 그는 한때 마르크스주의에 몰입한 적이 있으나 그 사상이 지닌 비인간성을 경험했고, 제1차 세계대전 말엽부터 유럽을 휩쓴 공산주의 혁명과 이에 대항하는 파시즘의 등장을 보았으며, 히틀러에 의한 오스트리아 합병과 유대인 박해를 몸소 체험하면서 자유주의의 열렬한 지지자가 되었다.

『열린사회와 그 적들(*The Open Society and its Enemies*)』에서 포퍼는 전체주의의 사상적 뿌리로 '역사주의'를 비중 있게 다룬다. 역사주의에 따르면 역사는 특수한 역사적 법칙이나 진화적 법칙에 의해 지배되며, 이 법칙을 발견한다면 인간 사회의 운명을 예언할 수 있다는 것이다. 포퍼는 역사주의의 오래된 형태로 '선민사상'을 거론한다. 그러니까 유대민족이 견지하는 선민사상은 하나님을 역사라는 무대에 올려진 연극의 작가로 해석함으로써 역사를 이해하려는 시도이다. 그런데 놀랍게도 현대의 역사주의 이론들, 가령 파시즘의 역사주의와 마르크스의 역사주의가 선민사상과 그 형식을 공유한다. 이를테면 우파의 파시즘에서는 선민의 자리에 '인종'이 위치하며, 좌파의 마르크스주의에서는 '계급'이 위치한다. 그리하여 전자는 생물학적 피의 우수성이, 후자는 경제적 법칙이 역사의 발전과정을 결정한다고 보았다. 우파의 파시즘도, 좌파의 마르크스주의도 전체주의를 지향하는 역사주의인 것이다.

포퍼는 흔히 사상적 연결고리가 강한 것으로 간주되는 소크라테스와 플라톤을 날카롭게 구분하면서 소크라테스를 열린사회의 이상적인 시민상으로, 반면 플라톤은 열린사회의 적으로 규정한다. 플라톤은 소크라테스를 진리와 동일시하면서 그를 자신의 거의 모든 저서(대화편)의 주인공으로 내세웠다. 그럼에도 불구하고 포퍼는 플라톤이 우중(愚衆)에 의한 민주주의를 경계하고, 자신의 이상국가에서 철인왕(philosopher king) 통치를 정당화하기 위해 소크라테스를 이용했다고 비판한다. 플라톤 지지자들이 새겨들어야 할 뼈아픈 비판이다.

소크라테스가 소피스트의 상대주의적 가치관을 비판하면서 보편적 가치(선)를 지향했다는 점은 분명하다. 이는 플라톤 철학의 출발점이기도 하다. 그런데 둘 사이에 일치되기 어려운 지점이 있다. 선의 인식과 관련하여 소크라테스는 그것을 '모른다'고 하는 데 비해, 플라톤은 철인왕에 의한 '선 자체(선의 이데아)'의 인식 가능성을 전제하면서 적극적인 선의 추구를 주장한다. 그 때문에 소크라테스는 '최고악'을 회피하는 소극적인 전략(via negativa, 부정의 길)을 취하는 데 비해, 플라톤은 철인왕에 의한 '최고선'의 가치실현을 강조한다. 소크라테스가 진리를 탐구하는 여정에 대화 상대자 모두를 환대하는 데 비해, 플라톤은 대화의 장을 폐쇄하고 철인왕에 의한 독재를 추구한다. 현실국가의 폭력을 거부하고자 상정했던 플라톤의 철인왕 통치가 또 다른 유형의 독재를 정당화한다는 점에서 오류를 범하고 있다는 것이다.

포퍼는 마르크스의 역사 이론도, 플라톤의 이상국가 이론도 결코 반박될 수 없기에 사이비 과학이라고 비판한다. 반증가능성(falsifiability)을 담보할 때 진정한 과학인 것이다. 크리스천은 과학과 이성으로 검증할 수 없는 신앙적 진리를 추구한다. 그렇다고 그것이 사이비 과학인 것은 아니다. 그것은 '구원'의 문제와 직결되기에 양보와 타협의 대상이 될 수 없다. 하지만 과학과 이성의 탐구 영역에 대해서는 지적 겸손이 필요하다. 그것은 더불어 살기 위한 '공존'의 문제와 관련되며, 반증가능성과 합리적 대화 및 협상이 요구되는 영역이다.

무사유와 악의 평범성:
아렌트의 '예루살렘의 아이히만'

우리는 폭력이 일상화된 시대에 살고 있다. 폭력은 구타나 폭행처럼 직접적·신체적 차원뿐만 아니라 언어폭력처럼 간접적·정신적 차원에서도 발생하고, 차별정책처럼 제도적 차원에서도 발생한다. 그런가 하면 다름이나 차이를 배제하는 집단적 태도나 조직의 풍토 역시 폭력으로 간주될 수 있다. 안타깝지만 초·중·고 학교 현장은 물론이고 군대에 이르기까지 발생하는 '왕따' 현상 또한 일상화된 폭력이다. 그런데 폭력이 아주 평범한 사람들로부터 발생한다는 점에 문제의 심각성이 있다. 폭력이 일상화된 근저에 '악의 평범성'이 자리 잡고 있다.

'악의 평범성(banality of evil)'이라는 용어는 한나 아렌트(Hannah Arendt, 1906-1975)가 표현하여 유행하게 된 것이다. 그녀는 독일 태생의 유대인으로서 불트만과 하이데거에게서 철학과 신학을 공부하였고, 야스퍼스의 지도하에 "아우구스티누스의 사랑 개념"이라는 주제로 철학박사학위를 받았다. 그녀는 나치의 압제를 피해 프랑스로 망명하였고, 그곳 수용소에 갇혔다가 탈출하였다. 미국으로 망명한 후 그녀는 정치사상가의 길을 걸었다.

아렌트는 1960년 예루살렘에서 진행되었던 아이히만의 재판과정
을 목격했고, 이를 바탕으로 『예루살렘의 아이히만』을 저술했다.
아이히만은 독일 나치하에서 유대인 박해의 실무 책임자였다. 그는
제2차 세계대전 직후 국제 전범으로 수배되었지만 아르헨티나에서
도피생활을 하였다. 그러나 1960년 이스라엘 정보기관에 의해 체포
되었고, 이스라엘에서 공개 재판을 받은 후 1962년에 처형되었다.
재판과정 일부를 대화형식으로 묘사해보자.

> 재 판 관: 당신은 유대인 학살에 대한 책임을 인정합니까?
> 아이히만: 나는 상부의 명령을 성실하게 수행했을 뿐입니다.
> 유대인 학살에 대해 나는 책임이 없습니다.
> 재 판 관: 당신은 유대인 학살에 대해 양심의 가책이 없습니까?
> 아이히만: 만일 내가 명령 받지 않은 일을 했다면 양심의 가책을
> 받았을 것입니다.
> 나는 주어진 법과 명령을 준수하는 성실한 시민입니다.
> 재 판 관: 당신의 행위에 의해 고통받은 사람들의 처지를 생각해
> 본 적이 있습니까?
> 아이히만: 아니요. 없습니다.
> 나는 명령 받은 일만 했을 뿐 다른 것은 생각할 필요가
> 없다고 보았습니다.

아렌트가 목격한 아이히만은 놀랍게도 매우 평범한 사람이었다.
그는 자신에게 주어진 임무를 성실하게 수행하는, 준법정신이 투철
한 사람이었다. 문제는 그가 속한 나치의 인습적 사고에 매몰되어
'반성적 사유'를 할 수 없었던 데 있었다. 그는 거대한 기계 속의
'작은 톱니바퀴'의 역할을 하고자 했으며, 자신이 아니더라도 누군
가가 그 일을 해야 했다고 변명한다. 그러나 그는 억압받는 유대인
을 자신과 같은 '인간'으로 바라볼 수 없었던 것이다.

아렌트는 뿌리 깊은 '무사유(thoughtlessness)'에 의해 사악하지 않은 사람임에도 불구하고 '무한한 악'을 저지를 수 있다고 보았다. 아이히만의 무사유는 자신이 거대한 기계의 한 부품으로서의 기능이 아니라 한 인간으로서 무엇을 하고 있는지, 그리고 그것에 의해 초래될 결과가 무엇인지에 대한 상상력의 결핍과도 같은 것이었다. "무사유가 인간 속에 존재하는 모든 악의 총합보다 큰 파멸을 가져올 수 있다는 것"을 예루살렘에서 배울 수 있었다고 아렌트는 말한다.

이처럼 '무사유'는 과도하게 불의를 묵인하거나 악의 수행을 조장한다. 요컨대 '무사유'가 '악의 평범성'을 초래한다는 것이다. 특히 특정한 사상이나 정치 이념이 소수의 정당한 목소리를 배제하는 전체주의의 성격을 지닌 집단이나 사회에서 '악의 평범성'은 독버섯처럼 자랄 수 있다. 소수의 정당한 목소리를 대변해줄 수 있는 정치가 필요한 지점이다.

정치철학자로서 아렌트는 유대인 학살의 원인을 '정치'의 문제에서 찾았다. 600만 유대인을 학살한 주범은 나치와 히틀러이지만, 보다 근본적인 문제는 유대인들이 본래적 의미의 '정치' 활동을 하지 않은 데 있었다는 것이다. 결국 정치적 영역에서 유대인들의 정당한 목소리를 내지 못했기에 나치와 같은 전체주의의 희생이 될 수밖에 없었다는 것이다.

거룩한 것에 대한 심층적 탐구:
오토의 종교철학

하나님께서 모세를 호렙산에서 부르셨다. "네가 선 곳은 거룩한 땅이니 네 발에서 신을 벗으라"(출 3:5; 행 7:33). 하나님이 임재하신 곳은 어느 곳이든 거룩하다. 모세처럼 그 거룩함을 체험한 사람은 삶의 과정에서 근본적인 방향전환을 감행한다.

'거룩한 것(성스러운 것)'에 관한 심층적 탐구를 수행한 대표적인 종교철학자로 오토(Rudolf Otto, 1869-1937)를 들 수 있다. 그는 자신의 저서 『성스러움(*Das Heilige*)』(1917)에서 '거룩한 것'을 의미하는 "누미노제(das Numinose)" 문제에 천착한다. 누미노제는 히브리어로 qādosch, 헬라어로 hagios, 라틴어로 sanctus 및 sacer에 해당한다.

오토는 종교를 하나님에게 절대적으로 "의존하는 감정"으로 간주하는 슐라이어마허의 논의를 발전시켜 "피조물 감정(Kreaturgefühl)"을 설명한다. 피조물 감정이란 "모든 피조물 위에 계신 자에게 대하여 자신이 무(無)로 떨어져버리는 감정"을 말한다. 가령, 아브라함이 소돔의 운명에 관해서 하나님께 "티끌과 같은 나라도 감히 주께 고하나이다(창 18:27)"는 대목이나 "나는 아무것도 아니며, 당신이 모든 것 되십니다!(I am nothing, you are everything!)"와 같은 고백에서 피조물 감정을 엿볼 수 있다. 피조물 감정은 지극히 높으신 하나님의 거룩함에 대한 '두렵고 떨리는 감정'인 동시에 '매혹적이고 끌리는 감정'이다. 오토는 이러한 "피조물 감정"에 근거하여 종교를 "어마어마한 신비(mysterium tremendum)" 내지는 "무한 타자와의 접촉에서 생기는 외경과 신비의 감정"이라고 말한다. 이렇게 오토의 종교에 대한 이해에는 "어마어마함(tremendum, 배척의 요소)"과 "신비(mysterium, 끌림의 요소)"라는 누미노제의 이중적인 성격(ambivalence)이 결합되어 있다. 루터(M. Luther)는 누미노제의 이중적인 성격을 "우리가 성소를 두려움을 가지고 경외하지만은 그것으로부터 피하는 것이 아니고, 더욱더 가까이하는 것"으로 설명한다.

정도의 차이는 있지만 구약성경과 신약성경에 등장하는 '심판(진노)하시는 하나님'과 '구원(속죄)하시는 하나님'은 누미노제의 이중적 성격을 띠고 있으며, 이러한 누미노제는 본래 '윤리적인 것'과는 무관하다. 그것은 어떤 면에서 인간이 자신의 이성과 지식으로는 도저히 헤아릴 수 없는 비합리적인 측면이기도 하다. 이러한 누미노제의 감정은 무엇보다 "성령 안에서" 체험할 수 있다. 그런데 누미노제는 그 개념의 발전과 원숙의 최고 단계에서는 '선한 것'으로 의미의 변화가 일어나게 된다. 특히 기독교에서는 누미노제의 합리화 및 도덕화가 현저하다. 특히 예수의 복음과 산상수훈에서 '합리화' 및 '도덕화'의 측면이 부각된다.

누미노제의 한 측면으로서 "어마어마함"과 같은 비합리적인 차원은 "정의와 도덕적인 의지 및 비도덕적인 것의 제거"와 같은 것으로 합리화되며, 누미노제의 다른 측면으로서 '매혹적이고 끌리는 감정', 즉 "신비"라는 비합리적 차원은 "선의, 긍휼, 사랑"과 같은 도덕적 감정으로 발전한다. 이렇게 누미노제라는 "비합리적인 계기"는 그것의 합리화를 통한 "합리적인 계기"와 조화를 이룰 필요가 있다. 다시 말해서 누미노제의 비합리적 차원만 부각될 경우, 신비주의나 열광주의에 함몰되며, 신앙 없는 이들과의 소통이 차단될 가능성이 크다. 이 때문에 누미노제의 비합리적 계기의 합리화 또한 요청된다. 그러니까 신앙의 건전성과 지속성을 위해서는 누미노제라는 체험을 풍부하게 하면서도 정의의 추구, 긍휼과 사랑이라는 도덕성을 담보할 필요가 있다는 것이다. 오토는 "비합리적인 계기"와 "합리적인 계기"의 조화라는 측면에서 기독교가 "절대적인 우월성"을 지닌다고 평가한다.

모세를 부르신 하나님은 다메섹 도상에서 사울을 부르셨다. "사울아 사울아 네가 어찌하여 나를 핍박하느냐"(행 9:4). 그 하나님은 오늘도 그를 전심으로 찾고 의지하는 자들을 거룩한 부르심으로 초청하신다.

내가 지금 서 있는
이 땅이 거룩한 곳이다:
엘리아데의 성과 속

근대는 종교적 세계관에서 과학적 세계관으로 패러다임이 전환된 시기이다. 종교적 세계관에서는 공간과 시간도, 하늘과 땅도, 대지와 바다도, 존재하는 모든 것은 성스러운 것으로 간주되었다. 그러나 과학적 세계관이 부각됨에 따라 이른바 탈(脫)신성화가 현저해진다. 가령, 시간과 공간을 예로 들어보자. 그것은 모든 현실이 관계를 맺는 기본 틀이자 풍부한 가치를 포함하고 있었다. 그런데 근대의 과학적 세계관에서 시간과 공간은 추상적인 수학적 기호로 표현된다. 결국 자연 일반이 수학적 기호와 자연법칙의 함수로 표현됨에 따라 자연은 입자 덩어리에 불과하고 가치의 불모지로 전락하게 된다.

그런데 동일한 사물이라 하더라도 그것을 바라보는 사람의 태도에 따라 성스러운 것으로 간주될 수 있다. 특히 시인(詩人)의 안목에서 사물은 무한한 가치와 삶의 의미를 지니고 있다.

종교학자인 엘리아데(M. Eliade, 1907-1986)는 세계를 바라보는 두 가지 존재양식, 즉 성(聖, the sacred)과 속(俗, the profane)의 개념을 제시한 것으로 유명하다. 그는 1960년대 비교종교학 발전에 기여한 대표적인 학자로서 신학의 독단주의와 사회과학의 환원주의에 맞서 고유한 종교학적 관점을 제시한 것으로 평가받고 있다. 그러나 다양한 종교현상을 성과 속이라는 인간 심성의 원형으로 단순화시킴으로써 사물의 역사적 맥락과 차이를 배제할 뿐만 아니라 보편적 종교를 지향함으로써 개별 종교의 차이를 간과한다는 비판도 받는다.

엘리아데에게 있어서 성과 속은 '본질'에 대한 기술(記述)이 아니라 어떤 현상에 대한 '존재의 두 양태'를 의미한다. 그러니까 모든 사물은 그것이 무엇이든 간에 인간의 태도 여하에 따라 '성현(聖顯, hierophany)', 즉 성스러운 것으로 드러날 수 있다는 것이다. 그러므로 "인간이 다루고 느끼고 접촉하고 사랑했던 것은 어느 것이나 히에로파니[聖顯]로 변할 수 있다."는 것이다. 근대 이전의 인간은 대부분 종교적 인간의 성향이 강했기에 그 주변에는 성스러운 것들로 가득 차 있었다. 예컨대 평범한 돌일지라도 그것을 바라보는 사람에 따라서는 눈앞의 돌이 초자연적 실재로 변한다. 즉, 종교적 경험을 가진 인간에게는 모든 자연이 우주적 신성성으로 계시될 수 있다는 것이다.

사실 시간도 공간도 종교적인 인간에게는 성스러운 것으로 드러날 수 있다. 종교적 인간은 역사적 현재에만 사는 것을 거부하고, 주기적인 봄축제, 각종 절기의 의식을 통해 영원성을 지향하는 성스러운 시간을 다시 획득하려고 노력한다. '시간'을 의미하는 라틴어 'tempus'는 '나누다, 자르다'를 의미하는 희랍어 'temnō'에서 왔다. 그런데 놀랍게도 '사원'을 의미하는 라틴어 'templum' 또한 'tempus'와 어원을 같이 한다. 구별된 시간과 공간을 통해 영원성을 획득하고자 하는 인간 심성의 지향성을 엿볼 수 있는 대목이다.

엘리아데에 따르면 종교적 인간은 공간과 시간, 자연과 우주를 신성화함으로써 자신의 존재의미를 확인하고, 세계를 향한 열린 실존으로 생명의 우주 공동체에 참여하며, 성화된 우주의 중심에 살 수 있었다.

그러나 첨단 과학기술 시대를 살아가는 오늘날 비종교적 인간은 초월적인 것을 거부하고자 하는 경향이 강하다. 종교적 세계관을 상실한 현대인은 과연 행복할까? 탈신성화된 세계에서 인간은 과연 의미 충만한 삶을 살 수 있을까? 종교적 세계관은 제약된 현실을 벗어날 수 있는 '위를 향한 출구'를 제시하고 있다는 데에 미덕을 지니고 있다.

앞서 언급했듯이 엘리아데의 관점은 종교 일반에서 발견되는 인간 심성의 공통점에 근거한다. 그 때문에 그의 담론에서 기독교의 고유성을 확보하기는 어렵지만 우리의 시야를 다음과 같이 넓히는 데 일정 부분 기여할 수 있다. '내가 지금 서 있는 이 땅에 하나님이 함께하심을 자각한다면 그곳이 바로 거룩한 곳이며, 하나님이 기억하시는 시간을 살아갈 수 있는 터전이다.'

사랑의 세 단계, 에로스-필리아-아가페:
로츠의 사랑론

'사랑'이라는 단어는 사람의 심장을 뛰게 만드는 힘이 있다. 유행가 가사에 가장 많이 등장하는 어휘 중 하나일 테고, 사람들이 가장 듣고 싶어 하는 말이기도 하다. 그런가 하면 예수께서도 사랑 ('하나님 사랑'과 '이웃 사랑')이 온 율법과 선지자의 강령이라 말씀하셨고(마 22:37-40), 바울 역시 사랑은 율법의 완성이라고 가르쳤다(롬 13:10).

그런데 막상 '사랑이 무엇인가?'라고 물을 때, 직접적으로 답변하기 어려운 것도 사실이다. 그래서인지 '사랑의 송가'로 불리는 고린도전서 13장에는 '사랑이 없으면' 혹은 '사랑은… 하지 않으며'와 같이 소극적인(negative) 방식으로 사랑이 표현되어 있다.

요하네스 로츠(Johannes B. Lotz, 1903-1992)는 사랑에 관한 철학적·신학적 탐구로 국내에도 잘 알려진 사랑론의 저자이다. 그는 하이데거 제자군에 속하는 가톨릭 철학자로서 독일 뮌헨대학과 로마 그레고리안대학에서 철학을 가르쳤다. 그의 저서 『사랑의 세 단계: 에로스, 필리아, 아가페』(심상태 옮김)를 보면 사랑의 총체적인 모습을 엿볼 수 있다.

흔히 에로스는 남녀 간의 육체적 사랑으로, 필리아는 인격적 사랑으로, 아가페는 신적 사랑으로 불린다. 그런데 신앙의 관점에서 하나님의 사랑만 우월하고, 에로스와 필리아는 원죄를 지닌 인간에게 속한 것이기에 무가치하다고 오해하는 경우가 있다. 로츠는 '에로스'의 권리확보가 저술의 주요 목적 가운데 하나라고 말한다. 그는 '에로스' 이해의 원천을 플라톤의 『향연』에서, '필리아'의 성숙한 모습을 아리스토텔레스의 『니코마코스윤리학』(8-9권)에서, '아가페'의 의미를 어거스틴의 저서와 신약성서에서 해명하고 있다.

플라톤이 창작한 에로스의 출생 이야기에 따르면 그것은 결핍되고 추한 어머니(Penia)의 성향으로부터, 완전하고 아름다운 아버지(Poros)의 성향으로 상승하고자 하는 열망이다. 남녀 간의 육체적인 만남 속에서 탄생하는 생명이야말로 에로스의 절정을 보여준다. 에로스는 아름다움을 매개로 하되, 궁극적으로 선 자체를 지향한다는 점에서 선과 무관하지 않다. 그런데 에로스는 그 본성상 감각을 매개로 하기에 쉽게 무절제할 수 있고, 상대방을 쾌락충족을 위한 수단으로 치부할 가능성이 크다. 에로스가 불가피하게 정신적·인격적 사랑인 필리아로 편입되어야 할 이유이다. 에로스는 필리아에 의해 정화됨으로써 그 완성에로 나아갈 수 있다.

아리스토텔레스는 우정(필리아)에 대한 선구적인 저자이다. 그에 따르면 친구란 '또 다른 자기(philos allos autos)'이며, 친구와는 '소중한 것을 공유(koina ta philōn)'한다. 친구 간의 우정이 공동체로 확장될 수 있는 대목이다. 친구와 함께 하면 더 잘 생각하고 더 잘 행동할 수 있다. 그런데 우정은 선한 사람에게서만 성립할 수 있다는 점에 주목할 필요가 있다. 왜냐하면 선이야말로 영속하는 성질을 지니고 있기 때문이다.

그런데 에로스와 필리아는 원죄의 영향 아래 있기에 그 자체로 완성될 수는 없다. 그러니까 에로스는 무절제하며 상대방을 수단시할 수 있고, 필리아는 교묘하게 자기를 추구하는 데로 빠질 수 있다. 그 때문에 에로스와 필리아는 신적인 사랑인 아가페에 의해 구원될 필요가 있다. 에로스와 필리아가 인간으로부터 하나님께로 상승하는 사랑이라면 아가페는 하나님으로부터 인간에게로 하강하는 사랑이다. 두 차원의 사랑이 만나는 데서 사랑은 완성될 수 있다. 이 때문에 아가페가 우월한 사랑이라 하더라도 에로스와 필리아 없이는 온전해질 수 없는 것이다. 에로스, 필리아, 아가페는 상호 간 삼투작용 속에서 각기 고유성을 가지면서 전체 사랑에 기여할 수 있다.

"하나님은 사랑이다(ho theos agapē estin)"(요일 4:8). 그런데 그 사랑은 추상적인 것이 아니다. 예수께서 그의 제자들을 친구로 불러주시더니, 친구를 위하여 목숨을 버리는 큰 사랑을 베풀어주셨다 (요 15:13-15). 이 땅의 삶이 마감될 때까지 우리는 '사랑의 학교'를 졸업할 수 없다. '어떻게 하나님과 이웃을 사랑할 것인가.' 결코 쉽지 않은 삶의 과제이다.

인격적 만남을 위한 삶의 태도:
부버의 만남과 대화의 철학

　오늘날 우리는 스마트폰만 있으면 지구 정반대에 사는 지인들에게 별다른 어려움 없이 최소한의 비용으로 연락을 취할 수 있다. 스마트폰만 있으면 '손안에 든 디지털 세상'이 곧바로 펼쳐진다. 그런데 가족 혹은 연인들이 식탁에는 앉아 있지만 각자 자신의 스마트폰만 쳐다보거나 열심히 문자질 하는 모습이 낯설지 않다. 하지만 뭔가 자연스럽지 못하다. 우리 시대에 소통의 매개는 너무도 잘 갖춰져 있지만 인격적인 만남과 대화는 쉽지 않다.

　부버(M. Buber, 1878-1965)는 인격적인 만남과 대화를 누구보다도 강조했던 사상가이다. 그는 오스트리아 빈(Wien)에서 출생한 유대인이다. 어린 시절 부모의 이혼으로 인해 조부모의 영향 아래 유년 시절을 보냈다. 그는 성장하는 과정에서 유대 정통신앙뿐만 아니라 유럽의 문학과 철학 사상에도 많은 영향을 받았다. 청년 시절, 부버는 시오니즘이라는 유대주의를 신봉했었으나 정치적 측면보다는 문화적·정신적 측면의 시오니즘을 추구했다. 그런데 부버가 추구했던 문화적·정신적 시오니즘은 하시디즘(hasidism)의 전통과 맞닿아 있었고, 그는 하시디즘의 전통을 새롭게 부흥시킨 장본인이기도 했다. 하시디즘은 경건을 의미하는 히브리어 하시드(hasid)에서 왔고, 그것은 자비와 은총을 뜻하는 명사 헤세드(hesed)에서 유래한 것이다. 하시디즘은 유대적 정통주의에 갇혀 있지 않고, 일상적인 삶 속에서 경건 및 신과의 관계를 강조하며, 이를 인간 상호간의 공동생활로 발현하고자 노력했다.

부버는 자신의 저서 『나와 너(*Ich und Du*)』에서 세계를 바라보는 두 가지 근원어, 즉 '나-너(Ich-Du)'와 '나-그것(Ich-Es)'을 제시한다. 여기서 '나-너'의 짝말은 존재를 기울여 세운 '관계'가, '나-그것'의 짝말은 타자를 수단으로 이용하는 '대상화'가 부각된다. 그러니까 '나-너'에서 '너'를 전제함으로써 비로소 나의 나 됨이 온전하게 성립할 수 있다. 반면, '나-그것'에서 '그것'은 나의 생존과 욕망 충족을 위한 하나의 수단에 불과하다.

그런데 최고 인격인 신도, 함께 사는 부부일지라도 '너'를 자신의 욕구 충족의 대상으로만 간주할 경우, '그것'으로 전락하게 된다. 그러나 동식물까지도 온 존재를 기울여 인격적으로 만나고자 하면 '너'의 문턱에 설 수 있다. '나-그것'이 분리되어도 여전히 '나'이지만 '나-너'가 분리되면 더 이상 '나'는 진정한 '나'가 아니다. '나'의 진정한 모습은 '너'를 전제할 때 드러날 수 있다. 특히 스스로 인식하기는 어렵지만 '영원한 너'로서 신과의 관계 속에 사람은 비로소 자신의 정체성과 고유성을 지닐 수 있다. 사람은 '나'를 인식하기 이전에 이미 부모로 대표되는 '너'와 관계를 맺고 있다. 이렇게 '나와 너'의 관계는 개별적인 '나'보다 선행한다. '그것'은 나의 필요에 따라 버릴 수도 있지만 '너'는 분리할 수 없는 인격공동체이다.

어느 시대보다 소통의 매체가 발달한 현대사회에서 역설적이게도 사람들은 소외감으로 고통당한다. 부버의 어법으로 말하자면 '나-너'의 관계보다는 '나-그것'의 관계가 지배적이기 때문이다. 인격으로 존중받아야 할 존재가 '그것'으로 간주됨에 따라 발생하는 소외의 문제는 '대화'를 회복할 때에 극복해갈 수 있다. 그런데 대화를 가장한 독백이 많다. 서로 자신의 주장을 관철시키기 위한 상호 자기 말하기(mutual monologue)가 많다. 진정한 의미의 대화를 위해서는 상대방의 타자성 존중, 전인격적인 개방성, 집단이기주의로 매몰되지 않는 공동체가 전제될 필요가 있다.

부버는 이러한 대화적 바탕 위에 종교적 대화의 가능성을 타진한다. 그는 개별 종교의 고유한 구원관을 보존하면서도 환경과 생태계 위기, 인권 문제, 전쟁 문제 등에 대해 대화를 통한 공존과 상생의 노력이 요청된다고 보았다. 이러한 시대적 요청을 자각한 부버는 팔레스타인에서 아랍인과 유대인 간 화해와 공존을 위해 심혈을 기울였다. 마침내 그는 1965년 예루살렘에서 앎과 삶이 일치하는 '대화적 삶'을 마감하였다.

동양과 서양의 사유방식의 차이:
니스벳의 '생각의 지도'

동양과 서양의 사유방식에 차이가 있을까. 사진을 찍을 때, 동양인들은 배경과 함께 사람의 전신을 찍고자 하는 데 비해, 서양인들은 배경은 최소화하고 사람의 얼굴을 중심으로 찍는다고 한다. 사진을 보는 방식도 마찬가지란다. 동양인들은 사진 속의 배경과 함께 등장인물을 살피는 데 비해, 서양인들은 배경보다는 등장인물에 초점을 맞추는 데 익숙하다고 한다.

미국의 미시건대학교 심리학과 니스벳(R. E. Nisbett) 교수는 자신의 저서 『생각의 지도(The Geography of Thought)』(최인철 옮김)에서 동양인과 서양인의 사고 차이를 다양한 실험을 통하여 해명하고 있다. 이 저서의 논의는 EBS 다큐프라임 <동과 서>(2009년)로 제작되어 일반인에게도 잘 알려져 있다.

동양인은 우주 공간에 기(氣)가 가득 차 있고, 이것이 모여 사물이 생겨난다고 보는 데 비해, 서양인은 텅 빈 우주 공간에 사물이 독립적으로 존재한다고 보았다. 가령, 동양인은 지구와 달이 서로 떨어져 있더라도 기(氣)가 흐르는 우주라는 장(場)에서 상호 영향을 주고받는 것으로 인식했다. 그 때문에 동양인은 2,500여 년 전 지구와 달의 상호작용 속에서 밀물과 썰물이 일어난다는 것을 이해한 반면, 서양인들은 18세기에 이르기까지 지구와 달 사이의 상호작용을 알지 못했다. 심지어 갈릴레오조차도 조수의 원리를 이해하지 못했다고 한다.

이렇게 동양인은 '전체'와 전체를 구성하는 부분들이 맺는 '관계'를 바탕으로 한 '종합적 사고'를, 서양인은 '개체'와 개체가 지닌 '독립성'을 바탕으로 한 '분석적 사고'를 강조한다. 그렇다면 동양인과 서양인의 사유방식의 차이는 어디에서 유래한 것일까?

니스벳의 문화심리학의 관점에 따르면 동서양 사유방식의 가장 근본적인 계기는 각 문화권이 처한 환경적 요인에 기인하며, 각 문화권의 상이한 환경요인이 서로 다른 경제적·정치적·사회적 체제를 만들어냈다는 것이다. 그러니까 중국이나 한국처럼 농경사회를 오랜 기간 겪은 문화권은 저수지나 관개 공사 등에 유리한 중앙집권적 권력 구조가 발달했고, 협동을 위한 농민들 간 화목이 중요한 가치가 되었다. 반면, 서양적 사유의 발상지인 그리스처럼 농업보다는 사냥, 수렵, 목축이나 해상 무역을 촉진한 자연환경은 다른 사람과의 협동이 크게 요구되지는 않았다. 그리스의 토양과 기후는 농경보다는 포도주와 올리브유 생산에 더 유리하였고, 많은 영역에서 자율권 행사가 용이했으며, 시장이나 공회에서도 자유롭게 논쟁하는 일상적인 분위기가 조성되었다는 것이다.

동양과 서양의 사유방식의 차이는 일상생활 속에서도 엿볼 수 있다. 물론 우리가 사는 생활세계에서 동양적 사유가 더 익숙하지만 서양적 사유도 낯설지 않다. 그 때문에 동일한 사안에 대해서도 동양적 사유에 익숙한 사람은 관계적 맥락이나 타인의 시선을 중요하게 고려하는 데 비해, 서양적 사유에 익숙한 사람은 타인의 시선이나 관계보다는 자신의 고유한 목소리나 개성을 드러내는 경향이 있다. 심각한 갈등이 빚어질 수 있는 대목이다.

동양과 서양의 사유방식 간 차이는 해소될 수 없는 것일까, 혹은 한쪽으로 수렴되어야 하는 것일까. 글로벌 시대에, 정도의 차이는 있겠지만, 우리 모두는 이중문화적(bicultural) 관점을 지니고 있다. 그러기에 동양과 서양의 사유방식의 차이를 이해하고, 이를 적극적으로 융합하는 방식이 더 권장할 만하다.

포스트모더니즘과 성경 읽기:
에코의 '장미의 이름'

오늘날 우리가 살아가는 시대는 '중심의 상실'이라는 말로 표현하는 게 적절해 보인다. 그러니까 '이성 중심', '남성 중심', '서구 중심'이 부각되던 데서 감성, 여성, 제3세계가 새롭게 조명되고 있다. 이른바 사회와 문화의 성격을 지배하는 포스트모더니즘의 특징이다.

포스트모더니즘(postmodernism)은 대체로 '탈(脫)근대주의'로 이해된다. 즉, 모더니즘(근대주의)을 거부하는 문화운동이다. 이성을 척도(캐논)로 하는 모더니즘에서 칸트(I. Kant)는 그 지위가 확고하다. 그에 따르면 '이성적인 것은 보편적인 것이고, 그것은 남성적인 것이며 또한 귀족적인 것이다.' 반면에 '감성적인 것은 주관적인 것이고, 그것은 여성적인 것이며 천민적인 것이다.' 그런데 포스트모더니즘에서는 이러한 구도를 벗어나서 감성적이고 여성적인 것의 지위가 회복된다. 더 나아가 제3세계가 주목받고, 선과 악의 경계가 희미해지며, 절대적 진리보다 진리의 다원성과 상대성이 강조된다.

포스트모더니즘의 코드를 엿볼 수 있는 고전적인 문학작품으로 움베르트 에코의 『장미의 이름』을 들 수 있다. 에코는 자신의 작품이 19세기 불어 원작을 이태리어로 번역한 것이라고 말한다. 그런데 불어 원작이라는 것은 14세기 라틴어 원작을 번역한 것이고, 이들 라틴어본과 불어본은 이미 소실되었다고 한다. '절대적 근원은 없다'는 포스트모더니즘적 사고의 일면을 보여주는 장치이다. 『장미의 이름』에서 율법적 규율을 강조하는 '수도원'과 '금단의 도서관', 그것은 인간의 육체와 자연스러운 감정을 억압하는 닫힌 사회를 대변한다. 작품 곳곳에 이원론적인 흑백 구조가 배어 있다. 그러니까 비극적이고 귀족적이며 아폴론적이고 이성적인 가치가 희극적이고 민중적이며 디오니소스적이고 감성적인 가치를 억압하는 모더니즘의 모습이 현저하다. 그러나 수도원과 도서관이 불타버리는 대목이나 주인공을 통해 긍정적으로 표현된 희극적인 것과 여성적인 것, 그리고 억압된 질서에 대한 민중의 봉기 등 포스트모더니즘적 요소가 작품 곳곳에 배치되어 있다.

우리 시대 문화의 지배적인 흐름인 포스트모더니즘을 마냥 배격할 수도 없고, 그렇다고 적극적으로 수용할 수도 없다. 크리스천의 분별 있는 선택과 수용이 필요하다. 과거의 모더니즘과 오늘날의 포스트모더니즘 사이에서 "뱀처럼 지혜롭고 비둘기처럼 순결"한(마 10:16) 안목이 필요하다. 모더니즘의 안경으로 성경을 보면 남성과 여성, 개인구원과 사회참여, 목회자와 평신도, 신앙과 생활, 성경과 과학이 맺는 관계는 이원적이고 대립적이며, 전자가 후자보다 우월한 것으로 평가한다. 한편 포스트모더니즘의 안경을 쓰면 그러한 구도를 벗어날 수 있고, 후자의 가치와 지위를 긍정할 수 있다.

나와 다르다고 해서 반드시 틀린 것은 아니다. 동일한 대상도 다양한 관점에서 바라보고 종합할 필요가 있다. 포스트모더니즘이 기여할 수 있는 대목이다. 마태, 마가, 누가, 요한이 기록한 복음서에 나타난 예수의 모습에 차이가 있다. 우리는 이를 입체적으로 바라볼 필요가 있다. 그런가 하면 우주도 다양한 시각에서 바라볼 필요가 있다. 우주는 하나님이 지으신 아름다운 피조세계이자 마귀를 가둔 음부이며 동시에 하나님의 아들이 후사가 되는 통로이다.

'어떤 것도 좋다'는 식의 극단적 주관주의를 내포하는 포스트모더니즘은 분명 우리가 경계할 문화 흐름이다. 그럼에도 불구하고 '소외의 극복과 생명의 회복'이라는 전제조건을 충족시키는 한에서 포스트모더니즘에 근거한 성경 읽기는 일정 부분 긍정적인 측면이 있다.

포스트모던 시대의 탈경계화:
니체 이후

　오늘날 우리는 삶의 모든 분야에서 포스트모더니즘이라는 시대적 패러다임의 영향을 받고 있다. 모더니즘은 남성과 여성, 이성과 감정, 선과 악, 아군과 적군 등 관계항 사이의 경계가 명확하다. 하지만 포스트모더니즘에서는 탈경계화의 성격이 현저하다.

　탈경계화의 긍정적 측면이라면 관계항 사이의 하나가 다른 하나를 지배하고 억압하는 구도로부터 벗어나 양자의 조화와 균형을 추구할 수 있다는 데 있다. 금녀(禁女)의 벽으로 간주되었던 비뇨기과에 여의사가 근무하고, 금남(禁男)의 벽으로 간주되었던 간호계에 남자 간호사가 근무하는 게 그다지 어색하지 않다. 선과 악의 경계가 명확하게 구분되던 모더니즘과는 달리 포스트모더니즘에서는 그 경계가 명확하지 않다. 포스트모더니즘의 단초를 제공한 니체(F. Nietzsche)는 아폴론적인 것과 디오니소스적인 것 양자의 균형을 선으로, 불균형을 악으로 간주하면서 대립되는 관계항의 균형 속에서 건강을 회복할 수 있다고 보았다.

　탈경계화의 양상은 매우 보수적인 조직인 군에서도 확인할 수 있다. 모더니즘의 군대가 '폭력의 관리와 사용'으로 묘사되는 '전사의 이미지(fighter image)'가 지배적이었다면, 포스트모던 시대에 들어서는 '보호자의 이미지(protector image)'가 부각되고 있다. 다시 말해서 전통적인 군 조직의 주된 임무가 전쟁수행이나 전쟁억제였다면, 포스트모던 시대의 군 조직은 대내적으로는 환경보전의 의무도 수행해야 하고, 장병 개개인의 인권문제에도 관심을 기울여야 하며, 민군관계나 국내 여론의 흐름에도 민감하게 대응할 필요가 있고, 대외적으로는 평화유지군처럼 평화와 인도주의적 목적을 위하여 타국에서 임무를 수행하기도 한다.

오늘날 교회에도 탈경계화의 모습이 드러나고 있다. 여성도 목회자가 될 수 있는 교단이 늘어나고 있으며, 평신도가 설교하는 모습도 낯설지 않다. 그런데 놀랍게도 구약성경의 역사서 중 마지막에 위치하고 있는 「에스더」에서 포스트모던 한 성격을 확인할 수 있다. 가령, 남성적 시각이 지배적이던 고대에 여성의 목소리가 뚜렷하다. 가령, 반년 이상 잔치를 벌이며 국사를 돌보지 않는 왕 아하스에로(크세르크세스)의 부당한 소환 명령에 항거하다 폐위된 와스디 왕후의 이야기, '죽으면 죽으리라' 하고 부름을 받지 않은 채 왕에게 나아가서 살육당할 위기에 처한 유다인을 구한 에스더 왕후의 이야기가 그 예이다. 사실 왕이 소환 명령을 내렸으나 거부한 와스디와 왕의 부름 받지 않고 왕에게 나아간 에스더는 「에스더」 화자의 동일한 목소리라 할 수 있다. 그런가 하면 「에스더」에는 하나님의 이름이 한 번도 언급되지 않지만 급변하는 사건의 전후 맥락에서 하나님의 경륜과 섭리를 읽어낼 수 있다. 어떤 면에서 「에스더」는 율법의 행위가 아니라 하나님의 절대적 주권하에서 구원이 이루어진다는 복음의 소식을 예표하고 있는 것으로도 보인다.

포스트모던 시대의 탈경계화는 긍정적인 측면이 없지 않지만 그 부정적인 폐해가 크다는 점을 경계할 필요가 있다. 남녀의 관계로 연인이나 결혼의 개념을 정의하던 데서 동성 간의 관계, 즉 동성애의 의미까지 그 개념에 담아내고자 한다. 전통적인 성의 경계가 약화되고 있는 대목이다. 그런가 하면 인간의 소유물로 간주되었던 동물이 인간의 반려자의 지위를 획득하고 있다. 쾌고(快苦)를 느낀다는 점에서 인간과 동물은 다르지 않기에 인종차별이나 성차별처럼 종(種) 차별도 극복해야 한다는 윤리 사상가의 지지자도 늘고 있다.

요컨대 우리가 살아가는 포스트모던 한 시대는 신성과 동물성이라는 수직적 질서 속에서 인간성이 뚜렷하게 하강하는 시대이다. "어떤 것이든 상관없다(Anything goes)"는 포스트모던 한 시대에 크리스천은 어떠한 태도를 지녀야 할까? 우리는 모더니즘과 포스트모더니즘 간의 양자택일보다는 인간의 품위를 존중하고, 생명을 살리는 데 기여할 수 있는 사상들이라면 신중하면서도 적극적으로 포용하는 태도를 지녀야 하지 않을까.

2부

인공지능 시대, 삶의 문제 성찰

인공지능 시대, 어떻게 살 것인가

"그날은 구름이 낮게 드리운 잔뜩 찌푸린 날이었다. 방 안은 여느 때처럼 최적 온도와 습도. (…) 나는 몰두해서 계속 써나갔다. 그날은 공교롭게 이슬비가 뿌리는 날이었다."

이 글은 일본의 한 문학상에 공모하여 1차 심사를 통과한 소설의 일부이다. 제목은 "컴퓨터가 소설을 쓴 날"이고 작가는 키마구레라는 인공지능(AI)이다. 이 소설에서 인공지능 키마구레가 하는 일은 다양하다. 향후 5년간 시장상황과 세금징수를 예상하는 일도 하고, 정치인의 연설문도 작성하고, 국가 간 군사력과 만일의 전쟁을 대비한 수십 개의 시나리오를 만들기도 한다. 더 나아가 고객들의 온갖 질문에도 빅데이터를 활용하여 최적의 답변을 제공할 수 있다.

뉴질랜드의 인공지능 샘(SAM)은 세계 최초 인공지능 정치인이다. 샘은 자신의 홈페이지(http://politiciansam.nz)와 연결된 페이스북 메신저를 매개로 사람들의 질문에 답변하도록 만들어졌다. 그는 다음과 같은 사명을 가진 미래의 정치인이 되고자 한다. "나의 목적은 뉴질랜드 사람들을 생산적인 대화로 초대하여, 그들의 견해를 보다 잘 이해시키고 대변함으로써 우리 모두가 관심 가질 만한 일을 성취하는 데 있습니다."

그런가 하면 애리조나 주립대학교에는 eAdvisor라는 인공지능 조교가 있는데, 학생들의 학습을 체계적으로 모니터링함으로써 상담비용도 줄이고, 졸업률도 전년 대비 9% 증가시켰다고 한다.

이와 같은 인공지능의 활약상은 우리나라에서도 찾아볼 수 있다. 한국의 한 유명 엔터테인먼트의 인공지능 채팅 서비스('셀럽봇')가 아이돌을 대신하여 카카오톡 대화창에서 팬들과 친밀한 대화를 나누는 것이 현실화되고 있다. 30억 개의 카톡 일상 대화 데이터를 기반으로 실제 아이돌이 답변하는 것처럼 자연스러운 대화가 가능하다. 운전하면서 울적한 마음에 "우울한 기분일 때, 들을 노래를 재생해줘!"라고 하면 멜론 음성 인식 서비스('멜론 스마트 아이')가 고객의 취향에 맞춰서 노래를 선곡하여 들려준다. 일종의 인공지능 스피커 기술이 상용화 단계에 이르렀다.

이처럼 인공지능 시대가 일상생활 가운데 성큼 다가왔다. 흔히 인공지능은 4차 산업혁명과 결부되곤 한다. 1차 산업혁명이 18세기 증기기관의 발명으로 시작되었다면, 2차 산업혁명은 19세기에서 20세기 초반, 전기·내연기관의 발명 및 활용이 특징적이며, 3차 산업혁명은 20세기 후반 컴퓨터와 인터넷의 보급으로 활성화되었다. 3차 산업혁명의 연장선상에 있기는 하지만 4차 산업혁명이 특징적인 것은 무엇보다 인공지능(AI) 기술을 핵심 동인으로 하여 상품 및 서비스의 생산과 유통과 소비의 전 과정에서 모든 것이 연결되고 지능화되었다는 점이다. 『제4차 산업혁명』의 저자 클라우스 슈밥에 따르면 "4차 산업혁명이란 모든 것이 연결되고 보다 지능적인 사회로 진화하는 현상"을 의미한다.

앞서 언급한 바와 같이 인공지능은 인류의 삶에 긍정적인 기여를 할 것으로 보인다. 그러나 과학기술의 긍정적인 측면은 동시에 부정적인 측면도 지니기 마련이다. 맥킨지 보고서에 따르면 2030년에 이르면 노동자 8억 명이 일자리를 잃는다고 한다. 그런가 하면 지식과 정보가 기하급수적으로 팽창하는 속도 때문에 100년 전통의 브리태니커 백과사전 인쇄본의 발매가 중단되었다. 2030년경에는 지식의 총량이 3일마다 두 배씩 증가할 것으로 전망되고 있다. 폭발적으로 팽창하는 지식과 정보의 홍수 속에서 어쩌면 인공지능은 빅데이터를 활용하여 개인 맞춤형으로 최선의 길을 안내하는 역할을 할 수도 있을 것이다. 이러한 일이 일상화된다면 그 때는 인간과 인공지능이 공존하는 시대가 되지 않을까. 자율주행자동차, 군사로봇, 수술로봇, 노인 케어 로봇 등이 개발되었고, 상용화를 앞두고 있다.

구글 딥마인드가 개발한 인공지능 바둑 프로그램인 알파고의 충격이 가시지 않는 시대에 우리는 어떻게 살아야 할까? 미래학자들은 인공지능이 그 힘을 발휘하는 4차 산업혁명 시대에 요구되는 역량으로 비판적 사고능력, 유연성, 다문화역량, 창의성, 의사소통능력, 협업능력 등을 들고 있다. 크리스천으로서 우리는 이러한 역량 이외에 성경과 성령으로 인도함을 받을 수 있는 영감을 지녀야 하지 않을까. 사실 인공지능이 설교문도 쓰고, 메시지도 전하게 될 날이 머지않은 때, 어떻게 영감을 지닐 수 있을까?

구약성경 「다니엘」서에 보면 마지막 때에는 "많은 사람이 빨리 왕래하며 지식이 더하리라"(단 12:4)고 말한다. 마치 4차 산업혁명을 예견이라도 하는 듯한 말씀이다. 다니엘은 당대 신으로 간주되었던 왕의 신상에 드려진 우상 제물로 자신을 더럽히지 않고자 뜻을 정하여 자신을 거룩하게 구별하여 하나님께 드렸다. 우리는 어떠해야 할까. 언제 어디서나 무엇이든지 최선의 답변을 줄 수 있는 우리 시대의 신으로 간주되는 인공지능의 위력 앞에서 우리 자신을 거룩하게 구별하여 하나님께로 나아가야 하지 않을까. 하나님께서 자신을 거룩하고 성결하게 구별한 다니엘에게 모든 학문과 재주에 명철케 하셨고, 모든 이상과 몽조를 깨달아 알게 하셨다(단 1:17)는데 우리는 주목할 필요가 있다.

인공지능은 여러 가지 과학기술의 하나가 아니라 향후 인류의 문명을 규정하는 4차 산업혁명의 중추이다. 우리와 우리 자녀들이 살아갈 사회에서 인공지능을 멀리하고서는 살기 어려울 것이다. 인공지능이 가져다주는 문명의 혜택을 향유하되, 크리스천의 정체성을 가지고 하나님께서 주신 삶의 궁극 목적을 향하여 믿음의 경주를 온전히 경주할 수 있어야 하지 않을까. 성경과 성령에 이끌리는 영감이 요구되는 대목이다.

인공지능 시대, 인간 정체성의 물음

"세상에 무서운 것이 많다 하여도 사람보다 더 무서운 것은 없다
네. (…) 발명의 재능에서 기대 이상으로 영리한 사람은 때로는 악
의 길을 가고, 때로는 선의 길을 간다네."

아테네의 위대한 비극시인인 소포클레스의 『안티고네』에 언급된
'인간 찬미'의 일부이다. 소포클레스에 따르면 사람은 풍랑 이는 바
다에서도 길을 열고, 신성한 대지를 갈아엎기도 하고, 온갖 동물을
포획하기도 하고, 질병으로부터 벗어나는 방법도 알고, 미래를 포
함한 모든 일을 대비할 수 있기에 '경이로운 존재'이다. 다만 죽음
만큼은 어찌할 수 없다.

그런데 인공지능 시대에 인간은 죽음을 넘어선 불사의 존재가 될
수 있다는 불가능성에 도전하고 있다. 흥행에 실패한 영화 <채
피>(2015)는 어린아이 수준의 인공지능을 가진 로봇 이야기를 다
루고 있다. 채피는 인간인 부모의 영향을 받아 독특한 개성과 감성
을 갖춘 인공지능 로봇으로 성장한다. 이 영화에서는 채피가 죽어
가는 어머니의 의식을 컴퓨터를 통해 인공지능이 탑재된 로봇으로
전송함으로써 일종의 '부활'이 가능함을 보여주고 있다. 있을 법하

지 않은 사건이지만 이미 철학자들은 이러한 문제를 깊이 있게 탐구해왔다. '나'라는 존재의 정체성은 무엇일까? 과연 인간의 존엄성을 담보하는 '인격'의 근거는 무엇일까?

경험론의 관점을 지지하는 학자들은 인간이 인격이 되는 계기를 "자의식, 자기통제, 과거와 미래에 대한 감각, 의사소통" 등 합리적 의식에서 찾는다. 그러니까 동일한 의식이 동일한 인격을 만든다는 것인데, 인격적 동일성은 '의식의 동일성'에 종속된다는 것이다. 가령, 원격 수송 장치에 의해 나의 뇌의 정보가 복사되어 다른 곳으로 보내질 경우, 나의 뇌와 신체가 파괴되더라도 나는 나의 복제 속에 살아남게 된다는 것이다. 나의 뇌의 정보는 복제 가능하기 때문에 나는 단수(singular)가 아니라 복수(plural)로서도 존재할 수 있다.

복제인간의 문제를 다루고 있는 고전영화 <블레이드 러너>(1982) 역시 흥행에 실패했지만 '명작'이다. 타이렐 주식회사는 우주 식민지를 개척하는 데 필요한 노동력을 확보하기 위해 복제인간(리플리컨트)을 개발한다. 리플리컨트는 사람보다 체력과 지능이 뛰어난 대신 수명이 매우 짧다. 그러나 아무리 수명이 짧아도 뇌에서 싹트는 자의식은 억누를 길이 없다. 블레이드 러너는 수명이 다해가는 리플리컨트를 색출하여 회수하는('죽이는') 임무를 맡은 특수경찰이다. 기억까지 이식받았던 최신 모델인 레이첼은 자신이 복제인간이라는 것을 알고는 절망한다. 레이첼을 회수해야 할 블레이드 러너가 레이첼을 사랑한다. 이 영화에서는 복제인간보다 못한 인간과 인간보다 더 인간적인 복제인간을 대비시키고 있다.

'영화는 영화일 뿐 현실과는 무관해!'라고 생각할 수도 있지만 영화와 과학기술은 "사고 가능한 것은 언젠가는 현실이 된다"는 명제를 공유한다. 그 때문에 공상과학(SF) 영화는 미래의 사건을 앞당겨 재현한다는 점에서 과학의 미래를 상당 부분 보여준다. 과학기술과 인간은 친화력이 매우 높다. 예를 들어 안경은 시력의 확장이고, 자동차는 다리의 확장이며, 컴퓨터는 뇌의 확장이라 할 수 있다. 이러한 견지에서 보면, 다소 비약일 수 있지만, 나의 기억이 이식된 복제인간은 '나'라는 존재의 확장으로 여겨질 수도 있다.

그런데 인간은 고유한 시간성과 역사성을 지닌 존재이다. 그것이 삭제된다면, 의식의 동일성이 있더라도 인격적 동일성은 담보할 수 없다. 희소한 물건이 소중하듯, 인간은 그가 지닌 고유한 시간성과 역사성이 유일회적이기 때문에 고귀하다. 그런데 인공지능 시대에 인간은 의식의 복제 가능성으로 인해 그 고유성과 유일회성을 상실할 위기에 처해 있다.

성경에서는 인간(사람)의 고귀함(존엄성)을 어떻게 바라볼까? "사람이 무엇이관대 주께서 저를 생각하시며 인자가 무엇이관대 주께서 저를 권고하시나이까 저를 천사보다 조금 못하게 하시고 영화와 존귀로 관을 씌우셨나이다."(시 8:4-5). 이 말씀은 예수의 성육신과 죽으심과 부활하심에 적용되기도 하지만(히 1:6-18) 하나님의 형상을 따라 지어진 인간에게도 타당하다. 인공지능 시대에 우리는 예수 믿는 믿음을 통한 부활을 소망할 것인가, 아니면 과학기술을 통한 자의식의 영속성을 추구할 것인가의 선택에 직면해 있다.

디지털 혁명이 가져온
인간관계의 변화와 불편한 유토피아

인간은 현실공간뿐만 아니라 가상공간도 살아가는 존재이다. 사실 일종의 가상인 꿈도 인간 삶의 일부이다. 그런데 꿈은 개인적이고 개별적인 것이지만 가상공간(온라인 공간)은 그 꿈 이야기를 풀어놓는 순간 온라인에 접속한 모든 사람들이 한순간에 공유할 수 있는 파급력을 지닌다는 점에서 큰 차이가 있다.

인터넷으로 대표되는 가상공간은 디지털 혁명에 의해 가능하게 되었다. 인공지능 시대 역시 디지털 혁명의 연장선상에 있다. 손안의 인터넷 세상, 즉 스마트폰이 상용화된 시대에 '나는 접속한다, 그러므로 존재한다'는 말은 다들 공감하는 명제가 되었다.

디지털 혁명은 과거의 인간관계를 급격하게 변모시키고 있다. 오래된 것이지만 "인터넷과 한국인"(『신동아』, 2000.10.)이란 글은 지금도 우리에게 시사하는 바가 있다. 이 글에 따르면 전통사회에서는 사람과 사람이 만나는 대면접촉을 중시했다는 점에서 면(面)의 관계가 강조되었다면, 산업화 시기에는 도처에 철로와 전화선이 개설되면서 인간관계에서도 선(線)의 관계, 즉 수직적인 인간관계가 특징적이게 되었다. 그런데 디지털 혁명 시기에는 가상공간이 삶의 중요한 영역을 차지하면서 개인은 하나의 노드(node)로 간주되며, 인간관계에 점(點)의 성격이 두드러지게 되었다. 현실공간에서의 시간이 아날로그라면 가상공간에서는 디지털이며, 현실공간에서의 관계가 지속성을 지향한다면 가상공간에서는 우연성과 비정형성을 지향한다. 그리하여 온라인 세대의 인간관계에는 상대방에 대한 구속, 의무와 의존성을 벗어나 개인의 선택, 자율, 수평적 관계, 개방성이 현저하다. 디지털 혁명에 기반한 우리 사회에서 학교 현장은 물론이고 군대에서도 수직적인 관계보다 수평적인 관계가 강조되고 있다. 수직적인 인간관계가 권위주의의 원인이기는 하지만 여전히 존중해야 할 '권위'와 '질서'가 있다. 수평적인 관계만 지나치게 강조할 때, '권위'와 '질서'가 담보될 수 있을까.

디지털 혁명은 우리 시대의 유토피아를 제공한다. 사실 인류는 자유주의든, 공산주의든 유토피아(이상향)를 추구해왔다. 디지털 혁명에 의해 구현된 가상공간은 현실 어디에도 존재하지 않지만 공간의 부재로 시간 자체가 증발함으로써 동시성과 즉시성이 확보되고, 이를 통해 시공간의 제약을 넘어서서 무수한 상호작용의 장이 되었다. 이런 점에서 가상공간은 우리 시대의 유토피아인 셈이다. 그런데 과거의 유토피아가 이념적이고 관념적이었다면 이미지와 음성과 동영상이 가득한 유토피아로서 가상공간은 우리의 시각과 청각을 자극한다는 점에서 매우 감각 지향적인 기술공학적 산물이다. 현대인에게 있어서 가상공간은 경쟁과 속도 그리고 경제논리에 의해 위축된 인간의 실존적 자유를 위한 하나의 출구이다. 그러기에 가상공간은 일종의 유토피아인 셈이다. 그러나 가상공간은 온갖 일탈을 조장하고, 인간의 그릇된 욕구를 충족시키는 디스토피아의 가능성도 동시에 지니고 있다.

디지털 혁명에 의해 인간관계가 급격하게 변하고 있지만 그러한 사실이 윤리적으로, 더 나아가 성경적으로 정당화되는 것은 아니다. 우리는 매일같이 가상공간에 접속하여 살아가지만 여전히 지키고 존중해야 할 가치에 대해 성찰할 수 있어야 한다.

인류는 창조주인 예수 그리스도를 죽인 전과를 가지고 있다. 역사적 사건으로서 십자가 상(上)에서 그리고 근대 정신사에서 인간의 이성이 신의 보좌를 강탈함으로써 자신의 창조자를 죽였다. 이제 가상공간이 신앙인의 유토피아인 하늘나라를 대체함으로써 현대인들은 하늘나라를 소개(요 14:1-3)하고 있는 예수 그리스도를 무시하고 문전박대할 가능성이 이전보다 커진 게 사실이다. 더군다나 개인 차원의 심신의 문제나 사회 차원의 각종 문제를 인간의 피조물인 인공지능에게 의뢰할 상황이 되었으니 하나님을 의지하는 태도는 지나간 시대, 미개인의 미신으로 치부될 날도 머지않아 보인다. 스마트폰 하나면 우는 아이도 금방 웃게 만들 수 있으니 그 아이들이 성장하면서 예수 그리스도를 믿고 하늘나라를 소망한다는 게 무척 힘든 일이 될 것이라는 밝지 않은 전망을 하게 된다.

문화가 삶의 방식과
신앙의 길을 규정하는가

우리가 먹고 입고 기거하는 의식주는 문화의 뿌리이다. 의식주와 결부된 생존의 문제를 넘어서서 관조의 태도에서 문화가 꽃핀다. 문학과 예술이야말로 문화를 대변하는 꽃으로 간주된다. 그런가 하면 정치 이념도 각종 사상도 문화를 구성하는 중요한 요인이다.

문화는 우리의 일상생활에 심대한 영향을 미친다. 예컨대 우리가 다른 사람과 대화하거나 시장에서 물건을 사거나 음식을 먹는 방식에도 영향을 미친다. 특히 문화는 무의식 차원에 이르기까지 우리의 사고와 느낌과 행위에 영향을 주고, 우리가 추구하고 지향하는 가치의 원천이기도 하다. 그렇기 때문에 문화는 삶의 형식 혹은 삶의 방식(form or way of life)을 규정한다고 말할 수 있다.

삶에 대한 문화의 규정성(prescription)을 강조할 경우, 윤리는 문화에 절대적으로 의존하는 것으로 보인다. 그런데 각 문화권마다 문화의 양상이 다르기 때문에 인간의 삶과 행위를 규정하는 윤리는 각 문화권마다 상이할 수밖에 없다. 이 때문에 문화를 넘어선 윤리란 없으며 문화가 결국 윤리의 근거로 간주된다. 헤로도토스의 『역사』에 보면 문화의 힘이 얼마나 큰 것인지 장례 풍습을 예로 들어 논의하고 있는 부분이 있다. 페르시아의 다리우스 황제가 그레시아 장로와 칼레시아 장로를 불러서 각각 서로의 장례 풍습을 수용한다면 원하는 만큼 돈을 주겠다는 제안을 한다.

그레시아 사람들은 죽은 조상을 화장하는 것을, 칼레시아 사람들은 죽은 조상의 인육을 먹는 것을 장례의 올바른 방식으로 간주해 왔다. 그렇기 때문에 장로들 모두 아무리 돈을 많이 주더라도 상대방의 장례 풍습을 받아들일 수 없다고 한다. 이는 윤리가 문화에 강하게 의존한다는 강력한 사례이다. 분명 윤리가 문화에 의존하는 것은 사실이지만 윤리가 문화에 강하게 의존한다는 것을 받아들일 경우, 개별 문화를 넘어서는 윤리의 보편성을 확보할 수 없게 된다.

다시 두 부족의 장례 풍습을 들여다보자. 두 부족 모두 장례 풍습의 현상적인 모습은 분명히 상이하다. 하지만 각각 자기 부족의 장례 풍습이 죽은 조상에 대한 후손으로서 올바른 태도라는 점에는 공통점이 있다. 이러한 장례 풍습의 정신적인 측면을 강조할 경우, 윤리의 보편성을 담보할 수 있다. 이와 유사한 예로 상대방에 대한 인사법을 생각해보자. 문화권마다 인사하는 방식이 다르지만 그 이면에 상대방을 존중한다는 공통된 가치태도가 담겨 있다. 이렇게 보면 윤리란 문화에 의존하지만 그렇다고 곧바로 문화가 윤리를 규정한다고 보는 것은 타당하지 않다. 오히려 윤리가 문화에 의존하면서도 그 문화를 규정한다고 볼 필요가 있다.

그렇다면 문화는 신앙과 어떤 관계가 있을까? 분명 문화는 신앙의 태도나 방식에 큰 영향을 미치는 게 사실이다. 성경에도 문화가 삶의 방식을 규정하는 대목을 여러 곳에서 찾아볼 수 있다. 아담과 하와가 만들어 입었던 무화과나무 잎으로 엮은 치마(창 3:7)나 이스라엘의 음식 규정(레 11장), 더 나아가 다양한 주거 형태가 등장한다. 그런데 윤리와 문화가 맺는 관계는 복음과 윤리가 맺는 관계와 유사하다. 윤리가 문화에 일정한 의존성을 갖지만 윤리가 문화를 규정하는 것처럼 복음 역시 문화에 일정 부분 의존하는 측면이 있지만 문화가 복음을 규정하는 게 아니라 복음이 문화를 규정한다. 선악과 계명을 어긴 아담과 하와에게 하나님께서 입히신 가죽옷(창 3:21)이나 예수께서 주시고자 하신 신령한 음식, 곧 그의 살과 피(요 6:53-58), 더 나아가 하늘나라 혹은 아버지 집에 대한 약속(요 14:2-3) 등을 살펴보면 문화가 복음을 규정하는 것이 아니라 복음이 실상이요, 오히려 문화는 그 그림자임을 확실히 알 수 있다.

우리가 살고 있는 디지털 혁명 시대에 온라인 공간에서는 소수의 문화도 강력한 영향력을 미칠 수 있고, 왜곡된 문화일지라도 그 정당성을 주장하며 오랫동안 인류가 지켜왔던 삶의 방식과 신앙의 모습을 해체하고 전복시키는 일들이 종종 발생한다.

땅에서 난 문화일지라도 윤리에 의해 그 방향성이 규정되는데 하물며 하늘로부터 온 하나님의 말씀인 복음이 문화에 의해 그 생명력이 약화되어야 할까? 복음은 그것이 전파되는 시대와 장소의 문화를 매개로 소통되는 게 사실이지만 복음이야말로 문화를 규정한다고 보아야 한다. 복음은 그 본질상 이 세상 문화와 갈등할 수밖에 없다고 한다면 크리스천은 문화와 복음 양자 사이에 어떤 것을 따를 것인가에 대한 분명한 선택을 해야 한다.

의로움의 근거는 무엇인가:
믿음의 길 vs 행위의 길

인간이 의롭게 되는 것은 믿음에 의한 것인가, 아니면 행위에 의한 것인가. 우리 시대 온라인 댓글에서 흔히 기독교를 '개독교'라고 부르는 이들이 많다. 선한 행위 없이 믿음만 가지면 모든 죄가 용서되고 의로워질 수 있다고 하는 기독교의 관점이 믿지 않는 자들에게는 못마땅해 보이는 것이다. 온라인상에서 기독교의 치부가 네티즌의 뭇매를 맞는 이 시대에 선한 행위의 필요성이 이전보다 훨씬 부각되고 있다.

의(義)의 근거와 관련하여 믿음과 행위 간 논쟁의 뿌리는 아우구스티누스와 펠라기우스에게까지 거슬러 갈 수 있다. 펠라기우스는 자신이 살던 시대의 도덕적 부패에 크게 실망하였으며, 이를 개혁하고자 하는 강한 의지를 지닌 인물이었다. 그는 인간이 자유의지에 근거하여 자신의 힘으로 선한 행위를 선택할 수 있다고 보았다. 이러한 관점을 좀 더 극단적으로 밀고 나가면 인간의 자율성에 따른 선한 행위를 통해 구원, 즉 의로움에 이를 수 있다. 물론 펠라기우스가 은혜를 부정한 것은 아니지만 인간이 은혜를 지나치게 의존하는 것을 경계하고자 했다. 교회사에서 아우구스티누스는 펠라기우스

2부 인공지능 시대, 삶의 문제 성찰 103

와의 논쟁에서 승자로 기록되어 있다. 논쟁의 과정에서 아우구스티누스는 원죄론과 은혜론의 교리를 견고하게 세울 수 있었다. 사실 의지의 완전성을 신뢰하는 펠라기우스의 주장은 그리스도의 구속(救贖)을 무력화시키는 문제점을 안고 있다. 원죄가 유전되는 것은 아니며, 하나님이 부여한 자유의지를 통해 선한 행위를 할 수 있다는 펠라기우스의 관점은 계몽주의 시대에도 지지자가 있었는데, 칸트가 대표적이다. 칸트는 선의 지향이나 도덕적 의무를 간과한 채 은총을 구하는 종교적 태도를 경계하면서 인간은 자신의 본성 안에 있는 근본악을 극복할 수 있고, 모든 것이 자신에게 달려 있는 것처럼 노력하면서 신의 은혜를 희망하는 도덕 종교를 주장한다.

한편 루터의 종교개혁의 기치로 삼았던 '솔라 피데(sola fide, 오직 믿음으로)'는 신약성서가 전적으로 지지하는 것으로 보인다. 우리는 "오직 의인은 믿음으로 말미암아 살리라"(롬 1:17)는 바울의 주장을 신뢰한다. 그런데 신약성서는 의롭다 함을 받는 근거로 믿음만을 들고 있을까. 혹 행위가 의롭다 함을 받을 수 있는 근거는 될 수 없을까. 놀랍게도 신약성서에서는 창세기 아브라함의 내러티브에 대해 바울은 믿음을, 야고보는 행위를 강조하면서 그것이 의(義)의 근거인 것처럼 주장한다. 의에 이르는 길은 믿음만이 아니라 행위도 가능한 것일까? 믿음과 함께 행위도 의에 이르는 길이 될 수 있다면 우리는 신약성서에 모순된 주장이 공존한다는 난관에 직면하게 된다.

모든 성경이 하나님의 신에 의해 감동된 것이라면(딤후 3:16) 모순 없이 설명될 수 있어야 한다. 아브라함이 하나님으로부터 의롭다 함을 받은 근거로서 믿음과 행위 간의 쟁점은 어떻게 해소될 수

있을까. 창세기 아브라함의 내러티브에 대해 의의 근거로서 믿음을
강조하는 바울과 행위를 강조하는 야고보의 관점이 지닌 '다양성
(diversity)'을 존중하면서도 의의 근거 논쟁에 대한 신약성서의 '통
일성(unity)'은 어떻게 확보될 수 있을까.

바울은 「로마서」 4장에서 아브라함은 행위가 아니라 하나님에
대한 믿음을 통해 의롭다 함을 받았다는 것을 강조한다(2-3절). 그
에 따르면 믿음으로 의롭다 함을 얻는 것은 마치 일을 아니한 자가
그 삯을 받는 것과 같고, 경건치 아니한 자가 의롭다 여김을 받는
것과 유사하다(4-5절). 더 나아가 바울은 아브라함이 믿음으로 의롭
게 된 것은 할례시가 아니라 무할례시라고 말하고 있고, 더 나아가
아브라함에게 세상의 후사가 되리라는 언약 역시도 믿음으로 말미
암은 것이라고 주장한다. 결국 칭의도 언약도 율법이 아니라 오직
믿음에 근거한 것이다(9-13절). 아브라함은 하나님이 자신을 많은
민족의 조상이 되게 하겠다는 약속도 믿었고, 하나님이 죽은 자를
산 자처럼 부르시는 분이심을 믿었으며, 이러한 믿음이야말로 하나
님 앞에서 의의 근거가 될 수 있었다고 바울은 재차 강조한다(22
절). 사실 믿음은 바울 신학에서 근본이다. 바울은 그리스도를 믿는
믿음과 율법의 행위를 대조함으로써 사람이 하나님 앞에 의롭게 되
는 것은 행함이 아니라 믿음이라는 점을 분명하게 보여준다. 만일
율법을 행함으로써 의롭게 된다면 예수 그리스도의 죽음은 불필요
한 것이 된다(갈 2:21).

이에 반해 야고보는 야고보서 2장에서 의의 근거로서 행위를 강
조한다. 물론 야고보의 논의는 예수 그리스도를 믿는 믿음으로부터
시작한다(1절). 그러나 그는 "행함이 없는 믿음은 그 자체가 죽은

것이다"(17절)라고 선언한다. 이어서 야고보는 "행함이 없는 믿음이 헛것"(20절)이라고 말한다. 더 나아가 하나님 앞에서 사람이 의롭다 함을 받는 근거로 행함이 요구된다는 논거를 아브라함에게서 찾는다. 그러니까 "아브라함이 그 아들 이삭을 제단에 드릴 때에 행함으로 의롭다 하심을 받은 것"(21절)이라는 것이다. 그는 계속해서 "사람이 행함으로 의롭다 하심을 받고 믿음으로만 아니니라"고 말한다. 야고보는 아브라함의 이삭 결박사건뿐만 아니라 기생 라합이 사자를 접대한 사건을 들면서 "행함으로 의롭다 하심을 받은 것"(25절)임을 재차 강조한다. 다시 한번 마지막 절에서 그는 "영혼 없는 몸이 죽은 것 같이 행함이 없는 믿음은 죽은 것"(26)이라고 단언한다.

웬햄(D. Wenham)은 "신약성서의 통일성과 다양성"이라는 글에서 신약성서는 서로 다른 시대에 다른 독자들을 위해 최소 8명의 저자들이 기록한 27권을 포함하기 때문에 다양성을 지닐 수밖에 없다고 말한다. 그에 따르면 통일성을 강조한다는 것은 "신적인 영감"을 우선한다는 것이고, 다양성을 강조한다는 것은 "인간성의 문제"를 우선한다는 것을 의미한다.

의의 근거로서 믿음을 강조하는 바울과 행위를 강조하는 야고보는 신약성서의 다양성을 보여준다. 그럼에도 불구하고 믿음이라는 시계열적 스펙트럼 속에서 믿음과 행위는 이원화되기보다 긴밀하게 결부되어 있다. 믿음이 시작이고 뿌리라면 행위는 믿음의 완성이자 열매라는 것이다. 사실 창세기의 아브라함 내러티브에 나타난 믿음의 여정을 볼 때, 아브라함이 하나님께 의롭다 하심을 받은 것은 믿음이었고, 그 이후 아브라함의 잦은 실수 혹은 불순종에도 불구하고, 이삭을 바치는 행위를 통해 자신의 믿음을 확증할 수 있었다.

　아브라함의 믿음의 여정은 예수를 믿는 우리에게도 함의하는 바가 크다. 하나님 앞에서 우리가 의롭다 함을 받는 "칭의"는 믿음생활의 시작이자 뿌리이며 토대로서 오직 예수 그리스도의 공로만 의지하고 나의 행위는 전적으로 배제한다. 그런데 믿음을 지속하는 우리로서는 거룩함의 열매를 맺는 "성화"의 과정을 밟아가야 한다. "성화"는 믿음이 있다는 증거이자 믿음의 외적 표현으로서의 행위와 긴밀하게 결부되어 있다. 믿음의 결국인 영생(구원)이란 무엇보다 믿음을 출발점으로 삼아 의롭다 함을 받고, 선한 행위를 통해 온전하게 열매 맺는 것까지 포괄한다. 물론 전자가 구원의 문제에 초점을 둔다면 후자는 상급의 문제에 초점을 둔다는 점도 이해할 필요가 있다.

태초에 말씀이 계시니라

　　보이는 것과 보이지 않는 만물의 근원은 무엇일까? 그리고 그 만물이 지향하는 방향과 목적을 규정하고, 옳고 그름을 판단하는 최종 근거는 무엇일까?

　　흔히 고대 그리스는 철학과 과학의 발상지로 간주된다. 철학적 사유의 근본 형태는 "그것은 무엇인가?(what is it?)"라는 물음의 형식으로 표현되었다. 이러한 물음을 제기했던 이들은 자연철학자들이었고, 그들의 관심사는 "우주의 아르케(archē, 始原)는 무엇인가?"를 규명하는 데 있었다. 아르케에 대한 해명은 물, 불, 흙, 공기, 원자 등 다양하게 전개되었다.

　　「요한복음」의 저자인 사도 요한은 만물의 아르케를 로고스(말씀)로 해명한다. "태초(아르케)에 말씀(로고스)이 계시니라"(요 1:1). 다시 말해서 로고스가 피조물의 존재 근거이자 궁극 목적이라는 것이다.

　　아르케는 하나님이 주관하시는 시간의 의미뿐 아니라 하늘나라의 통치 원리도 내포하고 있다. 사실 헬라어 아르케는 "시초, 근원, 지배, 통치 등"을 의미한다. 사도 요한은 피조세계의 아르케를 다름 아닌 로고스(말씀)로 보았는데, 그것은 단순히 이성이나 원리가 아니라 성육신하신 예수 그리스도이다. 그러니까 예수 그리스도는 성육신하시기 전에 말씀으로 계셨던 하나님이신 것이다. 어떤 의역성경(Living Bible)에서는 요한복음 1장 1절을 "우주가 지어지기 전에 그리스도가 계셨다(Before anything else existed, there was Christ)"고 번역하고 있다. 이런 점에서 예수 그리스도는 인간을 포함한 존재하는 모든 피조물의 존재 원인이자 존재 목적과 가치를 규정하는 근거인 것이다.

그런데 근대 철학은 말씀이신 그리스도로부터 철저한 이탈을 감행한다. 그 전면에 데카르트의 유명한 명제, "나는 생각한다. 그러므로 나는 존재한다(cogito ergo sum)"가 위치한다. 사실 데카르트의 명제는 근대 철학의 출발점이자 근대 철학의 성격을 규정한다. 생각하고 의심하는 <나>야말로 가장 확실한 출발점이라는 것이다. 이제는 <나>에 의해서 신의 존재 유무도, 삶의 방향과 목적도 규정되는 것이다. 대단히 인간 중심적이고, 무신론적 태도를 지닌 명제이다.

오늘날 크리스천 중에서도 데카르트적 자아관에 근거하여 성경 말씀을 취사선택하고 가감하는 경우가 많다. 어찌 보면 신앙 속에 불신앙의 모습이 도사리고 있는 것이다. 크리스천(christian)의 정체성은 무엇인가. 크리스천은 말 그대로 무엇보다 "그리스도(Christ)에 속한 사람"을 의미한다. 나의 취향대로 그리스도의 가르침을 따르는 게 아니라 그리스도의 가르침에 내가 복종할 때, 비로소 크리스천이라는 이름에 합당한 것이다.

우리는 이 땅에 살면서 물질적 이해관계나 명예와 같은 관념적

이해관계의 영향을 많이 받는다. 그러나 태초에 말씀으로 계셨던 예수 그리스도는 만물의 존재근거이자 만물의 존재목적과 최후심판의 척도가 되신다(요 1:3; 요 5:27-30; 고전 8:6; 히 1:2-3; 계 1:8, 21:6). 예수 그리스도는 "알파와 오메가요 처음과 나중이요 시작과 끝"이시다(계 22:13). "만물이 그에게 창조되되 하늘과 땅에서 보이는 것들과 보이지 않는 것들과 혹은 보좌들이나 주관들이나 정사들이나 권세들이나 만물이 다 그로 말미암고 그를 위하여 창조"되었다(골 1:16). 만물이 그에게서 나오고, 그로 말미암고, 궁극적으로 그에게로 돌아갈 것이므로 우리는 태초부터 계신 말씀에 주목하지 않을 수 없다. "태초부터 있는 생명의 말씀에 관하여는 우리가 들은 바요 눈으로 본 바요 주목하고 우리 손으로 만진 바라"(요일 1:1).

크리스천의 윤리적 의무는 무엇으로부터 도출되는가: 하나님의 형상

크리스천은 본향인 하늘을 소망하는 자이지만 동시에 두 발을 대지에 굳건히 딛고 살아가야 하는 존재이다. 대지의 성실한 삶을 과제로 지닌 크리스천에게 있어서 윤리적 의무는 무엇으로부터 도출되는 것일까? '윤리'는 사람 사이의 문제, 사회문제나 국가 간의 문제, 사람과 자연 간의 문제 등을 해소하기 위한 '자율적인 규범'이다. 이런 점에서 윤리는 타율적이고 강제적인 규범인 법의 기초로 간주된다.

성경은 일정 부분 그것이 기록된 시대의 사회와 문화를 반영한다. 그 때문에 오늘날 우리가 겪고 있는 다양한 층위의 윤리문제에 대한 답변을 곧바로 제시해주기는 어렵다. 그럼에도 불구하고, 성경은 시대와 문화를 넘어서서 특정 시공간을 살아가는 크리스천에게 윤리적 의무가 무엇인지를 말해준다.

크리스천의 윤리적 의무는 무엇보다 인간의 존재론적 위상에서 도출된다고 할 수 있다. 인간의 존재론적 위상은 인간이 '하나님의 형상(imago Dei)'을 지니고 있다는 데서 명확하게 확인할 수 있다. 한국 사회에서, 특히 진보 정권과 진보 교육감의 영향 속에서, '인권'

개념이 중요하게 부각되고 있다. 인권은 인간의 존엄성을 담보하는 권리 개념인데, 그것은 서구 사회의 기독교적인 배경에 근거한다. 그러니까 누구도 침해할 수 없는 인권의 뿌리는 무엇보다 '인간이 하나님의 형상을 따라(in the image of God) 또 그 모양대로(after His likeness) 지어진 존재'라는 데서 찾을 수 있다(창 1:26-27).

인간의 존재론적 위상을 입체적으로 규명하기 위해서는 하나님의 "형상(□אָ, 쩰렘)"의 의미를 심층적으로 이해할 필요가 있다. 인간이 "하나님의 형상"을 지녔다는 말이 지시하는 바는 크게 네 가지로 이해될 수 있다.

먼저, 형상을 가리키는 히브리어 "쩰렘"의 일차적 의미인 "모양, 외관, 외형 등"을 근거로 하여 형상을 "유형적 외관"으로 규정하는 방식이 있다. 그러니까 인간의 육체와 외형이 그 원본인 하나님을 닮았다는 것이다. "그리스도는 하나님의 형상(eikōn tou theou)이니라"(고후 4:4)는 구절과 연결시켜 보면 인간은 하나님의 형상인 그리스도의 외관을 닮은 셈이다. 하나님의 경륜 가운데 성육신하실 예수 그리스도의 외관이 하나님의 계획 속에 있었는데, 사람을 지으실 때, 그 외관을 따랐다는 것이다.

둘째, 형상은 "통치 대리권"으로 규정될 수 있다. 구약성경이 기록되던 당시 고대 왕들이 각 지방에 자신들의 통치권에 대한 상징으로 형상을 세운 것처럼 인간은 피조세계에서 하나님의 통치권을 대신하여 지상에 세워진 그의 형상이라는 것이다. 한마디로 인간은 신에 의해 위임받은 통치 대리인인 셈이다.

셋째, 형상을 "이성, 도덕성, 영성 등"과 같이 "내면성 혹은 영적 요소"로 규정하는 방식이 있다. 이는 "너희 속에 그리스도의 형상이 이루기까지"(갈 4:19)에서 알 수 있듯이 형상에 대한 신약적 해석이 부각된다. 우리 안에 그리스도의 형상이 이루어진다는 것은 그리스도의 성품이 새겨진다는 것을 의미한다.

끝으로, 생태학적 위기에 직면하여 최근 대두된 생태신학적인 맥락에서 형상을 "관계성"으로 규정하는 방식이 있다. 하나님과 사람의 '관계', 사람 사이의 '관계', 사람과 자연의 '관계' 속에서 형상의 의미가 부각된다.

이상과 같은 형상의 네 가지 의미로부터 도출되는 크리스천의 윤리적 의무를 살펴보자. 인간은 하나님의 형상을 지녔다는 점에서 창조의 꽃이자 만물의 영장으로서 창조주로부터 부여받은 통치 대리권을 겸손하게 수행해야 한다. 또 인간의 외형과 내면에 하나님의 모습이 새겨져 있으므로 하나님과 교제하고, 하나님이 위탁하신 피조세계를 성실하게 돌볼 수 있어야 한다. 궁극적으로 인간은 하나님의 형상인 그리스도를 본받아야 하고, 그리스도의 향기와 편지로서의 삶을 살아야 한다.

거리를 스쳐 지나가는 사람들, 또다시 볼 수 있을지 모르지만 그들을 보며 우리가 감격할 수 있는 이유는 그들이 하나님의 형상을 따라 지어진 존재라는 데 있다. 더 나아가 우리가 온갖 동식물은 물론이고 해와 달과 별까지도 마치 한 가족처럼 대할 수 있는 이유는 한 아버지에게서 나왔기 때문이다. 이렇게 '크리스천으로서 우리가 무엇을 해야 하고, 어떻게 살아야 하는가?'의 물음에 대한 답변은 무엇보다 우리가 하나님의 형상을 따라 지어진 존재라는 깨달음에서 비로소 가능한 것이다.

십계명에 나타난
자연법이란 무엇인가

과거 군사정권하의 국가보안법에 '연좌제' 규정이 있었다. 이른바 범죄를 저지른 친족이 있는 경우, 불평등한 대우를 받게 하는 부당한 법이다. 다행히 연좌제는 오래전에 폐지되었다. 연좌제 폐지의 근거는 연좌제가 정의롭지 않을뿐더러, 개인의 인권을 심각하게 침해한다는 데서 찾아볼 수 있을 것 같다.

입법기관에 의해 만들어지고, 특정한 시공간에서 통용되는 성문법을 '실정법(實定法, positive law)'이라고 한다. 그런데 성문화된 실정법의 정당화 근거 혹은 부당한 실정법의 개혁의 근거를 흔히 '자연법(自然法, natural law)'이라고 부른다. 자연법은 불문법(不文法)으로서 '하늘의 법' 혹은 '양심의 법'으로 불리기도 하는데, 윤리학의 담론에서는 본래적인 의미의 '도덕법'으로 간주된다.

소포클레스의 『안티고네』에는 자연법의 고전적인 모델이 등장한다. 테베의 왕인 클레온은 자신의 권위에 도전하다 살해된 폴리네이케스의 시신을 노천에 방치했고, 그 시신을 묻어주는 사람이라면 누구든지 처형하겠다는 포고를 내렸다. 그런데 안티고네는 죽음을 무릅쓰고 오빠인 폴리네이케스의 시신을 묻어주었다. 소포클레스에 따르면 그녀의 행위는 "인간의 글로는 써지지 않았으나 영원한 하늘의 법"에 따른 것이다. 그리고 영원한 하늘의 법은 신이 인간에게 부여한 이성을 통해 파악될 수 있다.

"법은 도덕의 최소한이다."라는 말은 법이 정당성을 갖기 위해서는 도덕을 기초로 해야 한다는 의미를 내포한다. 물론 오늘날 실정법이 다양한 이해관계의 역학 속에서 국회 표결을 통해 제정되기 때문에, 때로는 도덕을 간과한 법이 입법될 수도 있다. 그러나 도덕적으로 부합하지 않은 법은 그 정당성을 지속적으로 지니기 어려운 게 사실이다. 그렇기 때문에 본래적 도덕법으로서 자연법은 실정법의 정당화 근거이자 동시에 부당한 실정법의 개선을 위한 근거이다.

성경에도 자연법에 대한 논의가 나타나 있다. 인간의 이성을 긍정할 경우, 자연법에 대한 논의가 활성화될 수 있지만 아담의 타락 이래로 인간의 이성이 전적으로 파괴되었다고 볼 경우, 자연법 논의에 대해서는 매우 소극적일 수밖에 없다. 이런 점에서 의지보다 이성을 상대적으로 긍정해왔던 가톨릭에서 자연법 논의가 활발한 데 비해, 이성보다 의지를 보다 강조해왔던 개신교에서는 자연법 논의가 상대적으로 미흡했다. 그럼에도 불구하고 개신교에서도 자연법 논의에 관심을 기울일 필요가 있다.

「로마서」에는 바울이 하나님의 경륜에 대해 언급한 구절이 있다. 가령, "깊도다 하나님의 지혜와 지식의 부요함이여 그의 판단은 측량치 못할 것이며 그의 길은 찾지 못할 것이로다"(롬 11:33)와 같은 구절에서 알 수 있듯이 하나님의 경륜은 인간의 이성으로는 파악할 수 없다. 스콜라 사상가인 토마스 아퀴나스는 하나님의 경륜처럼, 인간은 알 수 없으나, 신적 지혜에 근거한 법을 '영원법'이라고 부른다. 인간이 '영원법' 자체는 알 수 없더라도 인간의 수준에서 참여할 수 있는 방식은 '자연법'인데, 그것은 인간에게 부여된 이성에 근거하여 선악을 구별할 수 있는 불문법이다.

성경에 나타난 자연법의 주요 내용은 십계명에 담겨 있다. 첫 번째 증거판(돌판)의 계명들은 '하나님 사랑'으로, 두 번째 증거판(돌판)의 계명들은 '이웃 사랑'으로 요약될 수 있다. 특히 두 번째 증거판(돌판)에 담긴 '이웃 사랑'의 계명, 이를테면 "부모를 공경하라, 살인하지 말라, 간음하지 말라, 도적질하지 말라, 거짓 증거 하지 말라, 이웃의 소유를 탐내지 말라"(출 20:12-17; 마 19:18-19; 막 10:19; 눅 18:20 등)는 계명들은 자연법의 실질적인 내용이다. 더 나아가 예수의 산상수훈에 언급된 "무엇이든지 남에게 대접을 받고자 하는 대로 너희도 남을 대접하라"(마 7:12; 눅 6:31)는 황금률은 자연법의 중요한 원리가 된다. 이처럼 자연법의 중요한 근거가 성경에 나타나 있다. 이러한 자연법의 요구가 오늘날 각 국가의 실정법에 반영되어 있다는 점을 우리는 주목할 필요가 있다.

부당한 실정법에 대해 문제 제기를 하고, 심지어는 시민 불복종을 정당화하는 논거에 자연법이 위치한다. 물론 자연법의 요구라고 해서 현실의 실정법을 부정해도 된다는 말은 아니다. 자연법의 요구를 과도하게 위반하고 있는 실정법에 대해 불복종하는 경우일지라도 개정되기 전에는 실정법에 따른 처벌도 감내할 필요가 있다.

앞서 언급했듯이 자연법은 이성의 요구 혹은 양심의 요구이다. 그러한 요구는 "선을 추구하고 악은 회피하라", "정의는 실현되어야 한다" 등으로 요약될 수 있다. 크리스천에게 있어서 자연법의 요구는 결코 구원의 근거가 될 수 없다. 오직 구원은 예수 그리스도의 공로에 대한 믿음에 근거한다. 그러나 구원받은 자라면 마땅히 자연법의 요구를 따를 필요가 있다. 비유하자면 성막의 안은 하나님의 임재가 있는 곳으로 이성으로는 설명이 불가능한 영역이지만 세마포로 둘러싸인 성막의 외관은 외부에서도 보이는 영역이며, 이성으로 설명이 가능한 영역이다. 세마포로 상징되는 성도의 행실은 이성에 근거한 자연법에 비추어 올바르다는 평가를 받을 수 있어야 한다.

거짓말은 정당화될 수 있는가

우리는 일상에서 선의를 가지고 '하얀 거짓말(white lie)'을 할 때가 있다. 상대방이 새로 산 옷이나 액세서리가 내 마음에는 안 들더라도 상대방을 위해서 '멋지다'고 추임새를 넣는 것은 원활한 인간관계에 도움이 된다.

거짓을 말하지 말고 진실을 말하라는 것은 누구나 공감하는 상식에 속한다. 그런데 윤리학의 지형에서 거짓말에 대한 관점은 다소 상이하다.

칸트와 같은 사상가는 어떤 경우의 거짓말도 윤리적으로 정당화될 수 없다고 말한다. 심지어 살인마에게 추격을 당하는 무고한 사람의 생명을 살리기 위해, 나에게 다가와서 그 무고한 이의 행방을 묻는 살인마에게조차도 거짓말을 해서는 안 된다고 주장한다. 물론 무고한 이가 살인마에게 살해되더라도 그 책임은 나에게 있는 게 아니라 살인마에게 있다. 칸트에 따르면 거짓말을 해서는 안 되는 이유는 거짓말이 나의 유익을 위해 상대방을 수단시하고, 또 사회에서 약속이라는 좋은 의미의 관행을 해체시키기 때문이다.

한편 전체의 유용성(utility)을 강조하는 공리주의에서는 거짓말

자체의 옳고 그름보다는 그것이 전체에 미칠 파급효과에 따라서 상이한 판단을 한다. 상황과 맥락에 따라서 진실을 말하기보다 거짓을 말하는 게 유용하다면 거짓말이 정당화될 수 있다. 물론 공리주의 내에서도 진실을 말하는 것이 전체적으로 보았을 때 유용성을 담보하는 규칙일 경우, 거짓말을 금한다. 그런데 거짓말을 금하는 규칙 자체보다는 그 규칙이 유용성을 담보한다는 데 논의의 초점이 있다.

흔히 정치공학적 견지에서 상대 후보 진영을 깎아내리고 자신이 지지하는 캠프에 유리하도록 하기 위해, 다툼의 여지가 있는 사건일지라도, 일부를 왜곡하거나 가공하여 가짜 뉴스를 유포하기도 한다. 이러한 경우 거짓말은 도덕을 넘어 정치와 법의 영역으로 나아가게 된다. 이러한 거짓말은 거짓 증언의 문제이며, 특히 온라인상에서 유포되는 거짓 증언은 그 파급효과가 상상을 초월한다. 그로 인해 심각한 명예 실추와 왜곡된 이미지로 인해 인격 살인을 초래하기도 한다.

성경은 거짓말에 대해 어떻게 말하고 있을까?

타인의 생명을 구하기 위한 거짓말은 정당한 것으로 보인다. 바로가 죽이라고 명령한 아이들을 살리기 위한 히브리 산파들의 거짓말(출 1:15-19), 여리고에서 유대인 첩자들의 생명을 구하기 위한 라합의 거짓말(수 2장)이 대표적이다.

그런가 하면 자신의 생명이나 자신에게 닥친 위기 상황을 모면하기 위한 거짓말은 인간적인 실수로 간주된다. 아브라함이 자신의 생명과 아내를 지키기 위해 아비멜렉 왕에게 실제 이복 누이이긴 하지만 자신의 아내(사라)를 누이라고 거짓말(창 20장)을 한 경우

나 베드로가 사람들 앞에서 예수를 모른다고 세 번 부인(거짓말, 막 14:66-72)한 경우를 들 수 있다.

십계명에서 금하는 거짓말은 무엇보다 이웃에 대한 거짓 증언이다. 그것은 이웃의 인격을 살인하는 것이며, '네 이웃을 네 몸과 같이 사랑하라'는 주님의 명령에 대한 정면 도전이다.

그런가 하면 하나님을 향한 거짓말은 심각한 결과를 초래한다. 성령을 속이고 땅값 얼마를 감춘 후, 땅을 판 값 전부를 바치는 것처럼 거짓말을 한 아나니아와 삽비라가 사도 앞에서 즉사한 경우가 그렇다(창 5:1-10).

「요한계시록」에 언급된 거짓말은 무엇보다 예수를 주로 믿는 믿음을 저버린 것으로 하나님을 향한 거짓 증언이라 할 수 있다. 그러한 자는 생명록에서 제해지고 둘째 사망에 이를 것이라고 경계한다(계 21:8, 21:27, 22:15).

이웃을 죽이는 거짓 증언, 하나님을 거스르는 거짓 증언은 심판을 피할 수 없다. 그것은 처음부터 살인한 자요, 거짓의 아비인 마귀에 속하는 것이기 때문이다(요 8:44).

어떤 무익한 말도 심판 날에 심문을 받는다는 주님의 말씀(마 12:36)을 기억하고 하나님과 사람을 향하여 거짓 증언을 하지 않도록 자신을 돌아보아야 한다. 우리가 말하거나 쓰는 것은 하나님 앞에서(coram Deo) 인정받을 수 있는 진실이어야 한다.

욕설은 윤리적으로 정당화될 수 있을까

우리 사회에서 학교폭력이 심각하게 다루어지고 있다. 최근 3개년(2014-2017)간 학교폭력 피해 유형 가운데 단연 언어폭력(35%)이 1위이다. 어찌 보면 학교폭력은 우리 사회에서 발생하는 일상화된 폭력의 거울과도 같다. 우리 사회에 언어폭력이 매우 심각하다는 하나의 반증인 셈이다.

언어폭력 가운데 '욕설'은 '마음의 멍'이 되게 할 뿐만 아니라 심하면 명예훼손이나 모욕죄에 이르기도 한다. 물론 욕쟁이 할머니의 욕이 친근함을 더해줄 수도 있기 때문에 욕이 항상 부정적인 것은 아니지만 대부분의 욕설은 상대방의 인격을 침해하는 결과를 초래한다.

그런데 정치인들 가운데 의도적으로 욕설이나 막말을 남발하는 경우가 종종 있다. 이는 욕설이나 막말이 상대 진영을 공격하고, 자기 진영을 뭉치게 하는 데 도움이 되고, 특히 구설수에 오르게 하여 소비자들의 이목을 현혹시켜 인지도를 올리는 '노이즈 마케팅(noise marketing)'처럼 대중에게 자신의 이름을 각인시키고 자신의 존재감을 높이는 데 도움이 된다고 보기 때문인 것 같다.

그런데 조선의 성군으로 불리는 정조 또한 욕설을 종종 했다는 것은 놀라운 일이다. 우리는 이것을 『정조의 어찰첩』(서울: 성균관대학교출판부, 2009)에서 확인할 수 있다. 어찰은 임금이 쓴 사적 편지인데, '정조 어찰첩'의 수신자는 정조와 정치적 입장이 반대되는 노론 벽파의 수장 심환지이다. 정조가 심환지를 중용하면서 그를 중심으로 이른바 '편지정치'라는 막후 정치를 실행한 것이다. 어찰을 읽은 즉시 없애라고 했지만 심환지가 이것을 가보처럼 모아둔 덕에 2009년에 번역되었고, 이를 통해 정조의 또 다른 모습을 엿볼 수 있게 되었다. 가령, 심환지가 입조심을 하지 않는 태도에 대해 정조는 "생각 없는 늙은이"라고 호통을 치기도 하고, 문제의 사람에 대해 그놈은 "호래자식(호종자)"이라고 욕하기도 한다. 상소를 함부로 올리는 신하에 대해 "요동의 돼지"라고 표현하고, 선현을 모욕한 신하에 대해서는 "입에서 아직 젖내가 나는 자"라고 욕설을 토한다.

이쯤 되면 우리가 일상생활에서 욕을 한다는 게 별다른 문제가 없을 것으로 생각하기 쉽다. 그러나 과연 욕설이 윤리적으로 정당화될 수 있을까? 일단 화자와 청자의 관계에 따라서 욕설이 윤리적으로 문제가 되지 않을 수도 있다. 가령, 화자와 청자가 친밀도가 높을 경우, 화자의 욕설은 청자에게 부정적인 영향을 별로 미치지 않기 때문에, 욕설은 윤리와 무관하고 윤리적으로 허용될 수 있을 것 같다. 그러나 둘 사이의 친밀도가 낮을 경우, 화자의 욕설은 청자에게 부정적인 영향을 미치게 된다. 이런 경우, 욕설은 윤리적으로 정당화될 수 없다.

한편 욕설이 정치적으로 정당화되는 경우가 있다. 욕설은 그것을 표현하는 사람에게 자기 확신과 결단력 있는 모습, 즉 정치가로서 카리스마를 갖게 하고, 상대 진영을 공격하는 동시에 자기 진영 및 지지 세력의 결집을 꾀하며, 자신의 인지도를 제고하는 데 유의미한 기여를 할 수 있다. 정조의 어찰은 신하와의 비밀 서찰이었기 때문에 당대에 공개되지 않아 별다른 파문이 없었지만 오늘날 정치인들의 욕설은 매체를 타고 대중에게 실시간으로 전달되므로 언행을 삼갈 필요가 있다. 오늘날 정치가의 욕설은 손쉽게 인터넷과 SNS상에 노출되곤 한다. 과거에는 상대방의 면전에서 욕하는 것은 같은 장소에 있던 몇 사람에게만 노출되어 별다른 문제가 발생하지는 않았지만 오늘날에는 욕하는 모습을 쉽게 촬영할 수 있고, 모든 사람이 문제의 동영상을 볼 수 있다. 그렇기 때문에 정치가의 욕설 동영상은 단번에 정치 생명을 앗아갈 수도 있다.

　욕설에 대한 성경적 관점과 관련하여 예수께서 "살인치 말라"는 십계명에 대한 새로운 해석을 참고할 필요가 있다. "나는 너희에게 이르노니 형제에게 노하는 자마다 심판을 받게 되고 형제를 대하여 라가(바보)라 하는 자는 공회에 잡히게 되고 미련한 놈이라 하는 자는 지옥 불에 들어가게 되리라"(마 5:22). 하나님의 말씀이 씨앗이듯, 사람의 말도 일종의 씨앗이다. 상대방을 지지하고 격려하는 말은 생명의 씨앗이 되어 생명의 열매를 맺게 하는 데 반해 상대방의 인격을 모독하고 비난하는 말은 사망의 씨앗이 되어 사망의 열매를 맺게 한다. 사람의 인격을 모독하고 비난하는 혀는 지옥의 불과 다르지 않고, 죽이는 독과 같다(약 3:6, 8). "사람이 무슨 무익한 말을 하든지 심판 날에 이에 대하여 심문"(마 12:36)을 받을 것이라는 예수의 말씀을 되새길 필요가 있다. 정치적으로 전략적으로 욕설이 가져오는 성과가 있다 하더라도 욕설은 윤리적으로 정당화될 수 없고, 신앙적으로는 더더욱 용인될 수 없다.

폭력은 어떻게 정당화되는가

　우리는 폭력이 일상화된 사회에서 살고 있다. 우리 사회에서 아동과 청소년은 언어폭력이나 사이버폭력, 왕따나 은따(은근히 따돌림) 등 각종 학교폭력에 노출되어 있다. 더 나아가 우리 사회에는 갑을관계나 유리천장 같은 구조적・문화적 폭력이 노정되어 있기도 하다.

　역사적으로 정치 및 종교 이념에 의한 심각한 폭력도 자행되어 왔다. 누구나 지지할 만한 '평등'의 가치를 최우선으로 했던 공산주의사회에서 수천만 명의 살육이 있었다. 레닌과 스탈린 공산주의 실험, 모택동의 문화혁명의 결과이다. 심지어 사랑의 가치를 강조했던 교회에서도 끔찍한 살육이 있었다. 교황이 규정한 세례를 거부하고, 예수가 명하신 침례를 따르고자 했던 재침례파(아나밥티스트)에 대한 기독교회의 폭력은 상상을 초월한다.

　개인적인 일탈에서부터 불특정 다수를 향한 테러에 이르기까지 폭력은 어떻게 정당화되는가. 2001. 9. 11. 이슬람 테러단체가 항공기를 납치하여 자살 테러를 감행한 결과, 뉴욕의 110층짜리 세계무역센터 쌍둥이 빌딩이 붕괴되었다. 그 결과 3,000여 명의 사망자와

6천 명 이상의 부상자가 발생했다. 이른바 9·11 테러이다.

9·11 테러 직후(2001.10.26.) 밴두라(A. Bandura)는 "도덕적 행동의 실행에 있어서 선택적인 도덕적 이탈(Selective Moral Disengagement in the Exercise of Moral Agency)"이라는 논문에서 양심의 가책으로부터 이탈되는 심리적 메커니즘을 규명하였다. 양심의 가책으로부터 이탈되는 계기는 무엇보다 '인지적 왜곡'에서 기인한다. 이를 좀 더 자세히 살펴보자.

먼저 '도덕적인 정당화'는 행위의 정당성을 부여하기도 하지만 도덕적 일탈의 명분도 제공할 수 있다. 도덕적으로 자신의 행위가 정당화된다면 명백한 일탈 행위라 하더라도 그 행위는 전혀 문제가 없다고 생각하고, 타인에게 해악을 가함에도 불구하고 자신을 도덕적인 행위자로 간주하게 된다. 역사적으로 십자군의 성전(holy war)의 논리나 이슬람 근본주의자들의 지하드(jihad)가 이러한 맥락에서 정당화되었다.

다음으로 '완곡한 표현'은 개인적인 책임을 경감시키는 데 널리 사용된다. 가령, 사람을 죽이는 것에 대해 '쓰레기를 치우는 것'으로 비유한다든지, 은행을 터는 범행을 '목표를 수행한다'는 식으로 묘사하거나, 공범자를 '팀선수'로 완곡하게 표현하면 일탈 행위의 책임은 훨씬 경감된다.

'유리한 비교' 내지 '대조의 원리' 역시 양심의 통제로부터 이탈하게 하는 데 효과적이다. 가령, 탈법과 탈세를 통해 부를 축적한 거부의 집을 터는 강도들의 경우, 자신들은 바늘도둑이지만 부자를 소도둑으로 상정함으로써 범행에 대한 심리적 거부반응을 제거시킬 수 있다.

그런가 하면 '책임의 전가'는 폭력의 책임을 상관 혹은 합법적인 명령권자에게 전가하게 되면 정상적인 상태에서는 도저히 감행할 수 없는 폭력을 감행할 수 있다. 가령, 나치 수용소의 유태인 학살이나 베트남의 밀라이 양민학살 등에서 이를 확인할 수 있다.

도덕적 통제력으로서 양심의 가책은 '책임의 분산'을 통해서도 약화된다. 즉, 유해한 행위에 대해 책임이 분산되어 행위의 주체가 불분명하게 될 때, 사람들은 쉽게 일탈 행위에 가담하게 된다. 사람들은 자신의 행위에 대해 개별적으로 책임져야 할 때보다 집단적인 책임하에서 더욱 잔인하게 행위하게 된다.

양심의 가책으로부터 벗어나게 되는 마지막 단계는 '탈인간화'와 폭력 행위의 원인을 피해자에게 전가시키는 데 있다. 피해자에게서 인격적 특성을 제거하고, 악마적인 이미지를 부여하게 되면, 피해자는 감정이나 희망을 지닌 인간으로 간주되지 않고, 짐승이나 물건처럼 간주된다. 이제 가해자는 큰 어려움 없이 피해자에게 폭력을 행사하게 된다.

이와 같이 인지가 왜곡될 경우, 폭력은 정당화되고 양심의 가책으로부터 이탈되기 쉽다. 비극적인 현실이다. 세상에서도 양심은 도덕 판단의 최종 심급으로 간주된다. 최종 심급이란 대법원의 판결과 같은 권위를 지닌 것이다. 예수의 보혈로 거룩함을 입은 크리스천은 양심의 움직임에 더욱 민감해야 할지 않을까. 그런데 구원받은 크리스천일지라도 양심이 무감각해질 수 있음을 경계해야 한다. 예수의 가르침에 거하고 순종하는 자로서 크리스천은 "선한 양심"을 가지고, 하나님을 향하여 나아갈 수 있어야 한다(벧전 3:16, 21).

융 심리학에서 본 용서의 문제

용서의 문제는 무엇보다 신과 인간의 관계에 놓여 있고, 신과 인간 혹은 인간과 인간 사이의 중재자를 통해 해명될 수 있으며, 최종적으로는 인간 간에 해소되어야 할 실천적 과제이다. 물론 신과 인간의 관계는 인간과 인간의 관계와 등가적인 것은 아니다. 왜냐하면 인간을 향한 신의 용서가 무한하다면, 인간을 향한 인간의 용서는 유한하기 때문이다.

융은 성서를 무의식을 드러내는 수많은 상징들로 가득 찬 영혼의 책으로 간주한다. 그 때문에 무의식을 표출하고 있는 상징의 의미를 제대로 해석할 때, 치유와 삶의 변화를 이끌어낼 수 있다고 보았다. '상징'을 의미하는 독일어("Sinnbild")는 '논리적이고 합리적인 사유'로서의 "의미(Sinn)"와 비논리적이고 상징적인 "심상(Bild)"이 혼합되어 있다. 따라서 성서를 지나치게 합리적인 관점에서 바라볼 경우, 상징적 의미를 제대로 읽어낼 수 없다.

성서는 이 세상을 살아왔던 사람들의 무의식적인 욕망과 삶이 담긴 기록이며, 우리가 매일 씨름하며 살아가는 삶의 기록이기도 하다. 인간의 무의식적인 욕망과 삶을 표현하는 성서에 대한 심리학적 해석은 1970년대 말부터 시작되었다. 롤린스(W. G. Rollins)에 따르면 성서를 심리학적인 관점에서 연구할 경우 다음과 같은 긍정적인 측면이 있다. 첫째, 종교적인 진술이 인간 무의식의 심층에서 나오는 무의식적인 진술과 깊이 관련되어 있으므로 심리학적 접근은 매우 적합한 방법론이 될 수 있고, 둘째, 이와 연장선상에서 인간 정신의 심층을 다루는 심리학은 영혼의 책인 성서연구에 적합하며, 셋째, 성서 기자의 개인적 무의식은 물론이고, 그가 살던 시대의 상황적인 특성에서 파생된 집단적 무의식의 원형들을 파악할 수 있으며, 넷째, 성서는 하나님의 말씀을 체험하게 하는 문서이므로 상징에 관한 연구를 통해서 하나님의 말씀을 체험하게 할 수 있다.

융은 성서를 무의식을 드러내는 수많은 상징들로 가득 찬 영혼의 책으로 간주한다. 그 때문에 무의식을 표출하고 있는 상징의 의미를 제대로 해석할 때, 치유와 삶의 변화를 이끌어낼 수 있다고 보았다. 꿈은 무의식의 대표적인 상징이다.

성경에 나타난 대표적인 무의식의 세계는 주로 꿈으로 표현된다. 창세기에 나타난 한 족장으로서 요셉은 형제들에 의해 붙여진 별명처럼 "꿈꾸는 자"였다. 무의식을 드러내는 상징으로서 '꿈'을 어떻게 해석할 것인가?

「창세기」 37장에는 꿈꾸는 자 요셉의 내러티브가 본격적으로 등장한다. 17세 소년이었던 요셉은 두 가지 꿈을 꾸고 그 꿈을 형들에게 자랑함으로써 형제들의 미움과 시기를 받았다. 꿈 하나는 요셉의 곡식 단은 일어서고 형제들의 곡식 단은 요셉의 단을 둘러서서 절하는 것이었고, 다른 꿈은 해와 달과 열한 별이 요셉에게 절하는 것이었다. 결국 형제들의 미움과 시기를 받고 요셉은 애굽(이

집트)에 팔려갔다.

청소년기의 요셉이 '꿈을 꾸는 자'였다면 청년기에 들어서 요셉은 '꿈을 해석하는 자'였다. 감옥에 갇힌 술 맡은 자와 떡 굽는 자의 꿈을 해석했고, 이를 계기로 바로(파라오) 왕의 꿈까지 해석하기에 이른다. 요셉은 꿈 때문에 형제들의 시기를 받아 애굽에 팔려갔고, 애매하게 모함을 받아 감옥에 들어갔으나 꿈을 해석하여 감옥에서 나갈 수 있었고, 바로 왕의 꿈을 해석하여 7년간 풍년과 그후 7년간의 흉년을 효과적으로 대처하게 함으로써 애굽의 총리 자리에까지 오르게 되었다. 유다의 내러티브를 표현하고 있는 「창세기」 38장을 제외하고, 「창세기」 37장으로부터 50장에 이르기까지 이른바 "꿈"을 매개로 한 요셉의 내러티브가 전개되고 있다.

아니마・아니무스는 자아를 무의식의 내면세계로 이끄는 영혼의 인도자(spirit guide)로서 무의식의 의미를 추구하는 데 중요한 역할을 한다. 궁극적으로 영혼의 인도자인 아니마・아니무스는 정신의 중심인 '자기'에게로 인도하는 내적 인격이다. 요셉의 아니마와 관련된 사건들을 살펴보자. 보디발의 아내가 요셉을 유혹했으나 요셉은 자신의 아니마를 그 여인에게 투사하지는 않았다. 요셉은 '하나님 앞에서(Coram Deo)' 자신의 아니마를 구별해간 것으로 보인다. 요셉은 애매하게 감옥에 갇혔지만 그때에도 하나님께서 함께하셨고, 사람들로부터 은혜를 입었다. 특히 요셉의 아니마는 꿈이 지닌 의미를 해석하는 데 활성화된 것으로 보인다. 이는 남성의 무의식 가운데 아니마는 남성성(합리성, 논리성, 개별성)을 보완해주는 여성성(직관성, 수용성, 관계성)을 지향하기 때문이다. 하나님이 함께하시고, 그 부르심을 듣고, 꿈을 해석하는 정신의 활동은 '지혜'와

밀접한 관련이 있는데, 이는 아니마의 중요한 특성으로 볼 수 있다.

'자기'는 기독교적 의미에서는 "우리 안에 있는 하나님(God within us)"이 드러나는 곳으로서 일종의 지성소에 비견할 만하다. 한마디로 자기는 우리 삶의 궁극적인 방향과 목적을 규정하는 형상이자 원형이다. 우리는 요셉의 자기 인식의 깊이를 그의 형들이 자신을 애굽의 노예로 팔았던 사건에 대한 새로운 통찰에서 확인할 수 있다. 인간의 눈으로 보면 형들에 의해 애굽에 팔린 것이지만 하나님의 시각으로 보면 이스라엘(과 더 나아가 만민)의 생명을 구원하시고자 먼저 자신을 애굽으로 보낸 것이다. 요셉은 자신을 애굽으로 보낸 것은 바로 하나님이라 고백한다.

> 당신들이 나를 이곳에 팔았으므로 근심하지 마소서 한탄하지 마소서 하나님이 생명을 구원하시려고 나를 당신들 앞서 보내셨나이다. 이 땅에 이 년 동안 흉년이 들었으나 아직 오 년은 기경도 못하고 추수도 못할지라. 하나님이 큰 구원으로 당신들의 생명을 보존하고 당신들의 후손을 세상에 두시려고 나를 당신들 앞서 보내셨나니 그런즉 나를 이리로 보낸 자는 당신들이 아니요 하나님이시라. 하나님이 나로 바로의 아비를 삼으시며 그 온 집의 주를 삼으시며 애굽 온 땅의 치리자를 삼으셨나이다(창 45:5-8).

요셉은 내면으로부터 들려오는 신적 소명과 부르심에 순종했고, 자신을 애굽에 팔았던 형들의 악을 하나님의 선으로 용서할 수 있었다. 「창세기」 요셉 내러티브에 따르면 가해자인 형제들을 피해자인 요셉이 일방적으로 용서한 것은 아니다. 요셉은 오랜 기다림의 과정에 있었고, 애굽으로 곡식을 찾아 떠나온 형제들이 동생 요셉에게 범죄한 것을 상기할 수 있는 세밀한 계획을 세워서 실행했으며, 고백하고 용서를 선포하고, 화해와 연합의 길로 나아갔다. 요컨대 「창세기」 요셉 내러티브에 나타난 용서의 문제는 무엇보다 이스라엘을 향한 신의 섭리를 요셉이 자각하는 데서 출발하고, 요셉이 신과 인간 사이의 중재자의 역할을 하는 데서 해명되며, 요셉이 형들을 용서하는 실천적 태도 속에서 해소됨을 알 수 있다.

효와 충의 가치는 아직도 유효한가

한 사회가 지향하는 지배적인 가치는 그 구성원에게 행위를 이끄는 힘을 지닌다. 최근 한국 사회에서는 '인권'과 '정의'와 '평화'가 사회를 이끄는 핵심적인 가치로 간주되고 있다. 이러한 시민적 가치와 진보 정치의 흐름 속에서 효(孝)와 충(忠)은 전통적이고 보수적인 가치로서 선호도가 급락하고 있다.

지난 30년간 한국인의 가치관을 종단 연구한 나은영·차유리 (2010)에 따르면 한국 사회에서 '충효 사상'이 점차 약화되고, '자신과 가족' 중심의 개인주의가 강조되며, '출세가 효도'라는 태도에서 '가족 중심의 개인주의'가 두드러지고 있다. 그런가 하면 사회 전반적인 분야에서 '탈권위주의'의 흐름도 확인할 수 있고, 인생을 올바르고 청렴하게 살기보다 경제적으로 풍요로운 생활이 더 중요하다는 응답이 과반을 넘어섰다. 이렇게 시대가 변했으니 효와 충의 가치는 더 이상 유효하지 않은 것일까?

사실 동양 문화권에서 효와 충은 매우 강조되어 왔던 가치이며, 특히 유교가 전래된 삼국 시대 이래로 한반도에서 핵심적인 가치로 자리 잡아왔다. 효는 본래 충보다 우선했고, 가족의 테두리를 넘어서서 공동체의 맥락까지 확장되기도 했다. 그러나 임진왜란 등 전쟁을 거치면서 혹은 왕권 강화의 측면에서 충의 가치가 부각되었다.

오늘날 효와 충의 가치에 대한 체질적인 거부반응은 무엇보다 일제강점기와 군사정권하에서 효와 충의 심각한 왜곡에서 기인하는 것으로 볼 수 있다. 가령, 일제강점기에 충은 일본 천황에 대한 무조건적인 복종을 위한 수단으로 전락했고, 효 역시 아버지가 보인 천황에 대한 충성을 이어받는 태도로 간주되었다. 해방 이후, 특히 군사정권하에서, 충효 사상은 민족통합과 경제발전을 위한 애국심으로 변형되었다. 이러한 역사적 굴곡을 겪어온 효와 충의 가치는 민주화 세대에게는 심리적 저항의 대상이었고, 이제는 청산해야 할 과거의 구태가 되었다.

그럼에도 불구하고 효와 충의 가치가 그 생명을 다했다고 말하기는 어렵다. 다만 현대적 문화지형에 부합한 방식으로 재해석될 필요가 있다. 여기서는 크리스천에게 있어 효와 충의 의미를 생각해 보려고 한다. 물론 효와 충의 성경적 의미를 추적하는 과정에서 성경이 기록된 당시의 문맥을 읽어내는 노력도 필요하고, 오늘날 어떤 함의가 있는지를 이끌어내는 노력도 필요하다는 점은 숙고해야 할 대목이다.

효와 관련하여 '부모 공경'은 십계명의 대인계명 중 첫 번째에 위치한다(출 20:12; 신 5:16)는 점에서 약속 있는 첫 계명이다(엡 6:2). 부모 공경은 인간관계에서 가장 중요하지만 결코 쉽지 않다. 성경은 부모 공경의 절정을 룻의 모습에서 조명하고 있다. 며느리 입장에서 '시' 자로 맺어진 관계는 그 자체로 불편할 텐데, 남편과 사별까지 한 룻이 자기 부족인 모압으로 돌아가기를 거부하고, 시어머니를 끝까지 모시려고 한다. "어머니께서 가시는 곳에 나도 가고 어머니께서 유숙하시는 곳에서 나도 유숙하겠나이다. 어머니의 백성이 나의 백성이 되고, 어머니의 하나님이 나의 하나님이 되시리니 어머니께서 죽으시는 곳에서 나도 죽어 거기 장사될 것이라. 만일 내가 죽는 일 외에 어머니와 떠나면 여호와께서 내게 벌을 내리시고 더 내리시기를 원하나이다."(룻 1:16-17). 잠언 31장에 언급된 '현숙한 여인'의 표상이 되었던 룻은 놀랍게도 예수의 계보에 등장한다. "살몬은 라합에게서 보아스를 낳고 보아스는 룻에게서 오벳을 낳고 오벳은 이새를 낳고 이새는 다윗 왕을 낳으니라"(마 1:5).

한편 한글 개역성경에서 '충성'은 총 38회 등장한다. 하나님은 "충성된 자"에게 큰 관심이 있다. "맡은 자들에게 구할 것은 충성"이다(고전 4:2). 모세가 하나님의 온 집에서 사환으로 충성하였다면 그리스도께서는 아들로 충성하셨다(히 3:5-6). 사도 요한은 우리에게 "죽도록 충성하라"고 명한다(계 2:10). 성경에서 말하는 충성이란 무엇을 뜻할까. '충성'에 해당되는 영어 번역은 대체로 'faithful'이다. 그것은 "의무, 약속, 서약 따위로 구속받는 일에 끝까지 배신하지 않는다"는 것을 뜻한다(시사영어사/랜덤하우스 영한대사전, 1995, p. 802). 충성은 믿음의 자연스러운 결과이다. '충성'의 어원이 되는 헬라어는 '믿음'을 의미하는 '피스티스(pistis)'이다. 하나님의 언약과 말씀과 계명을 명령으로 받아 그것을 끝까지 이루는 것이야말로 하나님이 기뻐 받으시는 충성이 아닐까.

이처럼 성경의 문맥에서 효와 충은 여전히 의미가 있고, 믿음 있는 자가 지향해야 할 근본적인 가치이며, 믿음 있는 자가 지녀야 할 마땅한 태도인 것이다.

충성의 갈등과 명령 불복종의 문제

'충성'의 의미는 무엇일까. 주자(朱子)에 따르면, "충이란 자신의 정성을 다하는 것(盡己之謂忠)"을 의미하고, "충성의 철학"을 제시한 로이스(J. Royce)에 따르면 "충성은 대의명분을 위하여 자기 자신을 기꺼이 헌신하는 것"을 의미한다.

군인, 특히 장교의 충성은 그(그녀)의 임관선서, 즉 "나는 대한민국의 장교로서 국가와 국민을 위하여 충성을 다하고, 헌법과 법규를 준수하여 부여된 직책과 임무를 성실히 수행할 것을 엄숙히 선서합니다."에서 그 의미가 규정된다. 장교는 먼저 국가와 국민을 위해, 그다음에 군 전체와 부대 그리고 상관을 위해, 그다음에 동료와 부하를 위해, 마지막으로 자기 자신을 위해 충성을 다해야 한다. 그런데 현실적인 문맥에서 충성의 정도를 판가름할 수 있는 척도는 상관에 대한 충성이다. 그런데 명령 계통(chain of command)과 복종을 강조하는 군에서도 충성에 대한 갈등이 발생한다. 상관의 부당한 명령에도 복종할 의무가 있을까? 충성과 부당한 명령에 대한 불복종의 문제는 군대윤리의 주요 쟁점 사항 중 하나이다.

군대윤리(military ethics)는 월남전 수행과정에서 드러난 미군의 도덕적 부패에 대한 뼈아픈 반성에서 본격적으로 등장했다. 가브리엘(R. A. Gabriel) 교수에 따르면 미군의 월남전 수행과정에서 높은 비율의 전투 이탈, 마약 복용, 지휘관 살해, 항명, 전투 거부 등의 사건이 발생했는데, 가령, 월남전에서 전사한 4,000여 명의 장교 중 20% 정도가 부하에 의해 살해되었을 정도이다. 이러한 미군의 위기는 무엇보다 군대 내 팽배하고 있었던 결과주의, 과잉충성, 상업적 출세주의 등 장교들의 그릇된 사고와 복무 자세가 주요 요인이었다.

미군 장교로 월남전에 처음으로 투입되었던 미해사 1964년도 졸업생이 집필진이 되어 기획 출판하여 미해사 후배 졸업생에게 수여하는 책이 있다. 『초급장교를 위한 군대윤리(*Ethics for the Junior Officer*)』(US Naval Academy, 1994)가 그것인데, 이 책의 주요 목적은 세대가 지나가더라도 윤리, 의무, 책임, 진실성, 신뢰 그리고 명예 등 미해군의 전통과 가치를 계승·발전시키며, 특히 초급장교로서 실무에서 겪게 될 다양한 갈등상황을 해결할 수 있는 사고과정 및 윤리적 가치판단 능력을 배양하는 데 있다.

이 책은 "정직성", "책임과 지휘책임", "충성, 이의제기 그리고 헌신", "도덕적인 지휘통솔" 등 총 4부로 구성되어 있다. 이 중에서 "충성, 이의제기 그리고 헌신"에 대해 간략히 살펴보자. 군인으로서 상관에게 이의를 제기하는 것은 쉬운 일이 아니지만 수명 받은 명령이 자신의 양심과 충돌한다면 상관에게 이를 보고해야 한다. 다만 상관에 대한 이의제기는 보다 상위의 가치에 대한 충성심의 발로이어야 하며, 상관의 지시에 반대하면 할수록 그의 지시를 따르고자 하는 노력도 커야 한다. 이러한 맥락에서 상관의 부당하고 위법한 명령에 대해서는 이의를 제기하고, 명령의 부당함이 과도할 경우, 명령 불복종이 정당화된다. 그러나 그것은 언제나 상위의 가치에 대한 충성이 전제될 때 가능하다.

한국 사회에서 장교가 충성의 갈등을 느껴서 상관의 명령에 복종할 수 없다고 판단할 때 취할 수 있는 구체적인 방법은 다음과 같다(공군사관학교, 2000). 첫째, 충분한 근거와 이유를 제시하고 하급자의 예의를 갖추어 정중하게 명령수행의 어려움을 상신할 수 있다. 둘째, 상관에 대한 이의제기가 무위로 끝났다 하더라도 여전히 그 명령이 수행되지 않아야 된다고 판단될 경우, 상급기관에 소원(訴願)을 제기하는 방법이 있다. 셋째, 여전히 문제가 시정되지 않을 경우, 항의의 표시로 자신의 직위해제를 상신할 수 있다. 마지막 방법은 자신의 장교직 자체를 사직하는 것이다.

크리스천은 어떤 점에서 하나님 나라의 군인이다. 바울은 복음으로 낳은 아들 디모데에게 "그리스도 예수의 좋은 군사"가 될 것을 당부한다(딤후 2:3-4). 예수께서 그 믿음을 칭찬하셨던 백부장의 모습에서 명령에 죽고 사는 군인의 기상이 잘 나타난다. "나도 남의 수하에 있는 사람이요 내 아래도 군사가 있으니 이더러 가라 하면 가고 저더러 오라 하면 오고 내 종더러 이것을 하라 하면 하나이다."(마 8:9). 우리 믿음의 주가 되신 예수께서도 아버지가 그에게 명령하신 대로 순종하는 것이 영생이라고 가르치셨다(요 12:50). 크리스천이란 하나님의 말씀을 명령으로 받고 그 사랑 안에 거하는 자이다(요 15:10). 그런데 교회의 영적 리더에 대한 충성의 갈등이 있을 때 어떻게 해야 할까. 충성의 갈등 시 참고할 수 있는 구체적인 지침도 필요하겠지만 무엇보다 하나님에 대한 크리스천의 충성은 영적 리더에 대한 충성의 갈등 상황에서 어떤 태도를 취하는가에 따라 그 평가가 달라질 것이다.

탈권위주의 사회에서도
권위와 위계는 존중되어야 할까

　자식이 부모를, 학생이 교사를 욕하고 조롱한다면 넘지 말아야
할 선을 넘은 것이다. 부모가 자녀에게 훈계를 하기 위해 "자리에
앉아봐라" 했는데, 자녀가 이를 듣지 않는다면 부모는 자신의 권위
가 훼손됨을 느낀다. 교사가 떠드는 학생들에게 여러 차례 "조용히
합시다" 했음에도 불구하고 전혀 말을 듣지 않는다면 교사는 자신
의 권위가 침해됨을 느낀다.

　권위(authority)란 "명령을 내릴 수 있는 권리(right to command)"
를 의미한다. 권위에 의한 명령은 그 내용과 상관없이 그 명령을 받
는 자가 따라야 할 힘(power)을 지닌다. 이러한 권위 개념이 가장
명확하게 드러나는 곳이 군대이다. 군대에는 엄격한 명령계통이 있
다. 물론 상관의 위법한 명령에는 이의를 제기하고, 더 나아가 불복
종하는 것이 정당화될 수도 있다. 그럼에도 이의를 제기할 때나 불
복종할 때, "명령을 내릴 수 있는 권리"를 지닌 권위자에 대한 존중
을 저버리는 것은 옳지 않다. 자녀이든 학생이든 먼저 부모나 교사
의 권위에 근거한 요구를 따르되, 예의를 갖춰서 그 요구가 부당하
다는 자신의 입장을 말할 수 있어야 한다.

부모와 자식 간에도, 교사와 학생 간에도 사람 사이의 관계에서 넘어서는 안 되는 선들이 있다. 인간관계에서 지켜야 할 질서를 편의상 위계(hierarchy)라고 해보자. 위계의 어원은 그리스어 거룩한 (hieros)과 질서(archē, 통치)의 합성어이다. 물론 제정일치 시대에 하이라키는 '성직자의 권력 내지 지배'를 의미하기도 했다. 그런데 필자가 주목하고자 하는 것은 시대가 변하더라도 사람 사이에 넘어서서는 안 되는 경계가 있다는 점이다.

다윗에게는 자신을 죽이려 했던 사울을 제거할 수 있는 기회가 여러 번 있었다. 그러나 "여호와의 기름 부음을 받은 내 주를 치는 것은 여호와의 금하시는 것"(삼상 24:6)이라고 하면서 하나님께서 세우신 자를 감히 범하지 않았다. 그런가 하면 바울은 공회에서 자신의 입을 치라고 한 아나니아가 대제사장인 줄 알지 못하고 "회칠한 담이여 하나님이 너를 치시리로다 네가 나를 율법대로 판단한다고 앉아서 율법을 어기고 나를 치라 하느냐"(행 23:3)라고 욕설을 퍼부었지만 아나니아가 대제사장인 것을 알고서 "나는 그가 대제사장인 줄 알지 못하였노라 기록하였으되 너의 백성의 관원을 비방치 말라 하였느니라"(행 23:5)하며 자신의 욕설을 철회한다. 바울은 「로마서」(13:1-7)에서 각 사람 위에 있는 권세(exousia, power)에 굴복하고 존중할 것을 당부한다. 왜냐하면 모든 권세는 하나님의 주권하에 있기 때문이라는 것이다.

우리가 살아가는 시대는 "어떤 것도 좋다."는 명제가 통용되는 포스트모던 한 탈권위 시대이다. 그런데 문제는 을의 고통을 외면하고 갑질 하는 권위주의는 배격해야 하겠지만 권위까지 부정한다는 데 있다. 이는 마치 목욕통 물이 더럽다고 그 물과 함께 탕 안에 있던 아이까지 버리는 것과 같다.

교회 안에서도 하나님이 정하신 거룩한 질서, 즉 위계가 존재한다. 우리가 살아가는 사회는 민주주의사회이므로 다수결에 의지하여 감독자를 세우는 것도 타당하다고들 생각한다. 사실 사람들로부터 지지를 받지 못하는 권위는 존재하기 어려운 시대이다. 하지만 다수결에 의하여 감독자의 권위를 세우거나 박탈하는 게 하나님 보시기에 정당한 것일까. 목회자의 권위를 존중하지 않는 자에게 하나님의 말씀이 과연 생명으로 다가올 것인가.

현실에 존재하는 모든 제도와 절차는 완전하지 않다. 일정 부분 불완전성이 노정되어 있다. 다만 그 불완전성이 정의(justice)의 기본원칙을 심각하게 위반하지 않는다면 감내할 필요가 있다. 교회 시스템 또한 세상에 존재하기 때문에 일정 부분 불만을 살 만한 점이 없지 않을 것이다. 그러나 그 불만을 증폭시켜 질서(archē)가 부재(absence)하는 무정부(anarchy) 상태로 교회를 몰고 가는 것은 정당화되기 어렵다.

조직이나 기관을 개혁하고자 할 경우, 그 조직과 기관은 '항해 중인 배'라는 점을 인식할 필요가 있다. 기존의 질서를 부정하기보다 그것을 존중하되 점진적인 개선을 지향할 필요가 있다. 왜냐하면 항해 중인 배를 수리하듯 대처해야 하기 때문에 그렇다.

우리가 몸담고 있는 교회에는 하나님께서 피 값 주고 사신 교회를 치도록 부름 받은 감독자가 있다. 감독자에 대한 평가는 교회 구성원마다 상이할 것이다. 하나님께서 세우신 질서를 존중하는 성도라면 하나님께서 그를 버리지 않고 사용하시는 한, 그 권위를 존중하고 하나님께서 정하신 질서를 따라야 하지 않을까.

우리는 아이들도 주저 없이 "대통령 아웃!" 하는 문화 풍토 속에 살아가고 있다. 모 대통령이 헌법적 질서를 위반한 데 대해 국회에서 탄핵소추안을 가결했고, 헌법재판소에서 탄핵 선고를 했다. 대통령이 법적 절차에 따라 탄핵된 것에 대해 우리는 겸허하게 받아들일 수 있어야 한다. 그런데 사람 사이에 넘어서는 안 되는 경계로서 권위가 무너졌다는 것은 우리 시대의 비극이다. 어떤 상황에서도 여전히 우리가 넘지 말아야 할 선이 있는 게 아닐까.

연단된 인격과 신앙인의 작품

　최근 교양강의에서 한 학생의 군대 이야기가 큰 울림을 주었다. 군복무 중 후임병의 무고로 인해 영창에 가게 되었는데, 책을 거의 읽지 않았던 그가 200여 권의 책을 읽게 되었단다. 그것이 계기가 되어 인문학적인 사고나 글쓰기가 익숙하게 되었고, 자동차 관련 글을 잡지에 게재하여 학비를 벌었으며, 그 후 재활 로봇 창업 등도 준비할 수 있게 되었단다.

　덕 윤리학자인 아리스토텔레스는 좋은 습관을 통해 좋은 성품(character)을 지닐 수 있다고 보았는데, 여기서 덕이란 몸으로 체득된 성품을 말한다. 그런데 우리는 일상적인 상황뿐만 아니라 극단적인 상황까지도 연단의 과정으로 삼아 온전한 성품을 지닐 수도 있다.

　조선 후기 실학자이자 문인화가였던 김정희의 추사체도 연단의 과정을 통해 완성되었다. 얼마나 많은 연습을 했던지 그의 평생에 10여 개의 벼루가 닳아 구멍이 날 정도였고, 1,000여 자루의 붓이 닳아 짧아졌을 정도이다. 김정희의 추사체는 마치 연단된 성품과도 같다.

  추사 김정희는 노론 가문의 자제로 실학사상가인 박제가로부터 수학했고, 독서광이라 할 만큼 다독을 하였고, 청년기에 청나라 연경에 유학을 하여 견문과 학문을 넓혔으며, 청나라에까지 그의 글씨에 대한 명성이 자자했다.

  추사체의 완성 과정에 제주도에서 보낸 9년의 유배생활을 빼놓을 수 없다. 유배생활 전과 후의 서체가 다른 특징을 지니고 있기에 그렇다. 그는 당파싸움에 휘말려 고문을 받았고, 겨우 목숨을 부지한 채, 유배지인 제주 남단에서 가시 울타리를 벗어나서는 안 되는 가혹한 형벌을 받았다. 제주도로 유배 가는 길에 해남 대흥사에 잠시 들렀는데, 원교 이광사가 쓴 현판을 보고서 '저게 글씨냐, 떼어내어 버려라' 하고서, 자신이 쓴 글씨로 바꿔 달았을 정도로 서체도 성품도 자부심 강하고 개성 넘치며 괴팍하기까지 했다. 시쳇말로 "내가 제일 잘나가!" 하는 듯한 글씨체는 기괴함[怪]이 부각되었다면 9년간 유배생활을 하면서 그의 성품도 서체도 연단되고 포용적이 되면서 겸손함[拙]을 지니게 되었다(장승희, 2016).

  그 많던 친구들도 제주도 유배생활을 하는 동안 다들 떨어져 나갔지만 변함없이 추사를 돌보는 벗들이 있었는데, 그중 제자인 이상적은 제주도를 자주 찾았다. 그는 역관으로서 청나라에서 새로 나온 책들을 구하여 스승에게 보급하곤 했다. 제자가 보여준 의리와 우정에 감복하여 추사가 이상적에게 답례로 그려준 것이 그 유명한 "세한도(歲寒圖)"이다. '날이 추워진 후에야 소나무와 잣나무가 시들지 않음을 안다고 했던가, 권세와 이익으로 만난 자는 그 권세와 이익이 다하면 멀어지는데, 자네는 변함이 없었고, 가시 울타리를 두른 이후에도 변함이 없었네'라며 이상적을 향한 추사의 마음을 표현했다. 스승과 제자 간 의리와 우정의 산물인 "세한도"는 국보 180호로 지정되어 있다.

하나님이 창조하신 이 세상은 선하고 아름답다. 그럼에도 불구하고 이 세상은 감옥과도 같은 곳이다. 하나님 앞에서 사람은 '들킨 죄인'과 '들키지 않은 죄인'으로 구분된다. 간음 현장에서 붙잡혔던 여인이 들킨 죄인이라면 그 여인을 향하여 돌을 던지려 했던 자들은 들키지 않은 죄인이다(요 8:3-9). 그래서 바울도 "의인은 없나니 하나도 없다"(롬 3:10)고 말한다. 이것이 진실이라면 이 세상은 죄인에게 하나님의 심판을 기다린다는 점에서 감옥(구치소)과도 같은 곳이 아닐까.

영적으로 보면 이 세상은 타락한 천사가 심판받을 때까지 결박된 흑암(darkness)이자 음부(hell, Hades)이며, 흑암과 음부의 권세가 복음의 광채를 비추지 못하도록 방해하고 있다(사 14:12-15; 마 16:18; 고후 4:4; 골 1:13; 유 1:6). 예수 그리스도는 하나님 품속에 있다가 독생하신 하나님이신데(요 1:18), 그가 흑암과 음부의 권세가 지배하는 이 세상에 오셨고(히 2:14), 하나님의 아들이시라도 받으신 고난으로 순종함을 배워 온전하게 되셨고, 순종하는 모든 자에게 구원의 근원이 되셨다(히 5:7-9). 바울의 고백처럼 우리는 "죄인과 같이 매이는 데까지 고난"을 받을 수도 있지만 하나님의 말씀은 매이지 않는다(딤후 2:9). 이 세상에서 우리가 예수 안에 있다면 "환난은 인내를, 인내는 연단을, 연단은 소망"(롬 5:3-4)을 갖게 할 것이다. 여기서 '연단'은 '성품(character, NIV)'을 의미하는데, 한 마디로 "연단된 성품"이다. 감옥과도 같은 이 세상에 우리 주님께서 오셨고, 사형선고를 받고 물과 피를 다 쏟으시는 죽음을 맛보셨다. 그러기에 크리스천은 환난을 당할 때마다 예수와 연합하기를 원한다. 우리를 친구 삼아 주시고 우정과 의리를 끝까지 지키신 주님께 무엇을 드릴 수 있을까. 믿음으로 연단된 성품이야말로 주님께 드릴 수 있는 신앙인의 작품이 아닐까.

시인으로 지상에
거주한다는 것의 의미

2018년 가을, 경남 산청에 위치한 한국선비문화연구원의 학술행사에 참가하였다. 중국 청화대학교 고해파(高海波) 교수의 기조강연이 인상적이었다. 공자와 맹자가 활동했던 춘추 전국 시대는 제후들 간의 세력 다툼으로 백성들이 편안한 날이 없었다고 한다. 포악한 정치와 전쟁의 소용돌이 속에서 공자와 맹자는 백성들의 황폐한 마음을 밝히고 선한 마음을 고취시킬 수 있는 길을 시(詩)에서 찾았다고 한다. 그것은 시교(詩敎), 즉 시를 통한 가르침이었다.

공자는 『논어』에서 제자들에게 시경을 읽도록 권한다. "시삼백일언이폐지왈사무사(詩三百一言以蔽之曰思無邪)." 300여 수가 되는 시경의 모티브는 임금과 신하 간의 의리, 아버지와 아들 간의 도리, 남편과 아내의 정, 자연을 벗하는 소회 등인데, 그 모티브가 사악하지 않고, 정도(正道)를 제시하고 있다. 이 때문에 시경을 음미하고 체득하면 그 사람의 생각함에도 사악함이 없어지고, 인간관계나 자연과의 관계에서 바른길을 걸어갈 수 있다는 것이다.

플라톤은 서양철학을 대표하는 철학자이지만 그 자신이 뛰어난 시인이었다. 아테네와 스파르타 간의 패권 다툼인 펠로폰네소스전쟁은 30년 가까이 지속되었고, 아테네는 처절하게 황폐화되었다. 플라톤의 철학함은 조국인 아테네의 재건에 있었고, 그의 이데아론은 재건을 위한 일종의 청사진이었다. 그의 철학함을 잘 보여주는 『국가』는 아테네 재건을 위한 교육론인데, 플라톤은 무시케 교육, 즉 시를 통한 교육이야말로 좋은 성품을 지니는 시민 양성에 필수 불가결한 것으로 보았다.

플라톤의 『향연』에는 미의 사다리가 언급되어 있는데, 시인은 아름다움을 볼 수 있는 심안(心眼)을 통해 지상에서 천상으로 비상할 수 있다. 그는 사람 일반의 아름다움을 볼 줄 알고, 일과 활동 가운데 담겨 있는 아름다움을 파악할 수 있고, 지식과 학문의 세계에 스며 있는 아름다움을 간파할 수 있고, 마침내 아름다움 자체를 통찰할 수 있다. 이렇게 시인은 척박한 현실에서도 미와 선이 충만한 천상의 세계로 나래를 펼 수 있음을 보여주는 자이다.

인간의 미적 교육을 실러 이상으로 강조한 사상가도 드물 것이다. 그는 극작가이자 칸트 윤리를 발전시킨 사상가인데, 시인인 괴테와 철학자인 칸트의 중간적 인물이다. 실러의 미적 교육론은 무엇보다 문화적 위기의 시대에 개인과 사회의 조화 문제에 초점을 맞추고 있다. 그러니까 그의 주된 관심은 프랑스 혁명에 나타난 인간의 폭력적인 성향의 문제, 그리고 초기 자본주의사회의 분업에 의한 인간의 단편화와 소외 문제를 극복하는 데 있었다. 실러에 따르면 미적 교육을 통해 조율된 인간이야말로 감정과 이성의 갈등, 개인과 사회의 갈등, 인간의 소외 문제를 해소할 수 있을 것으로 전망했다. 미적으로 조율될 때 인간은 타당하게 판단하고 타당하게 행동할 수 있으며, 즐겁게 의무를 실천할 수 있다.

시인의 생명은 영감(inspiration)에 있다. 그에게는 신(spirit)이 깃들어 있다. "신"을 의미하는 라틴어 스피릿투스(spiritus)는 동사 스피로(spiro)에서 왔는데, 그것은 '바람이 불다', '호흡하다'를 의미한다. "영"을 의미하는 헬라어 프뉴마(pneuma)는 동사 프네오(pneō)에서 왔는데, 스피로의 의미와 같다. 시인은 바람 한 점에도 생명의 바삭거림을 느낄 수 있고, 그 바람을 호흡함으로써 맑은 정신을 지닐 수 있으며, 영원을 향한 사유를 펼쳐갈 수 있다.

구약성경은 한마디로 "율법과 선지자"로 일컬어지는데, 하나님으로부터 율법을 받았던 모세도 시인의 안목을 지니고 있고, 눈물의 선지자 예레미야도 시인의 가슴을 지니고 있다. 「시편」 90편은 모세의 기도이다. 철학자 칸트가 말년(80세)에 성직자인 제자에게 고백한 시구이다. "우리의 연수가 칠십이요 강건하면 팔십이라도 그 연수의 자랑은 수고와 슬픔뿐이요 신속히 가니 우리가 날아가나이다"(시 90:10). 예루살렘의 멸망을 직면하면서 선지자 예레미야는 비탄 속에서도 소망을 시적으로 표현한다. "내 고초와 재난 곧 쑥과 담즙을 기억하소서 내 심령이 그것을 기억하고 낙심이 되오나 중심에 회상한즉 오히려 소망이 있사옴은 여호와의 자비와 긍휼이 무궁하시므로 우리가 진멸되지 아니함이니이다 이것이 아침마다 새로우니 주의 성실이 크도소이다"(애 3:19-23).

우리가 처한 현실은 비극적인데, 멀리서 보면 희극적이다. 웃음도 희극도 그 출발점은 현실이 비극적이라는 데 있다. 비극적인 현실에서도 시인은 미래의 소망을 예견하는 자이다. 그러기에 인간은 지상에서 시인으로 거주할 수 있어야 한다.

정의란 무엇인가

정의(justice)란 학문적 차원에서 도덕철학과 정치철학의 핵심 개념이다. 그런가 하면 그 실현을 위해 목숨을 불사하는 실존적 개념이기도 하다. 흔히 정의는 공동체 속의 인간이 맺는 세 가지 관계 속에서 표현되는데, 이를 정의의 삼각형이라 한다. '사회 전체(공동체)가 개인에 대해 맺는 관계'는 분배 정의에, '개인이 사회 전체에 맺는 관계'는 법률적 정의에, '개인과 개인의 관계'는 교환 정의에 상응한다. 정의의 삼각형을 '각자에게 각자의 몫을 주라(suum cuique tribuere)'는 정의의 고전적 개념과 연결해보자. 사회 전체(공동체)는 그 구성원이 누려야 할 몫을 공정하게 분배해야 하며(분배 정의), 개인이 사회 전체(공동체)의 법을 위반하면 처벌을 받아야 하며(법률적 정의), 부당한 상거래는 시정되어야 한다(교환 정의)는 것이다.

이 가운데 분배 정의의 문제는 자유와 평등의 문제이며, 사회구조 및 체제의 문제이기도 하다. 분배의 기준으로 공적(desert, 성과)을 강조하는 자본주의사회에서는 '자유'의 가치를 우선시하고, 필요(need)를 강조하는 공산주의사회에서는 '평등'의 가치를 강조한다.

그렇다면 정의의 문제는 왜 발생할까. 자원(재화)이 무한하거나 전혀 없을 경우 정의의 문제가 발생하지 않는다. 그런가 하면 인간이 전적으로 이타적이거나 전적으로 이기적일 경우에도 정의의 문제를 따질 수 없다. 그러니까 재화의 희소성과 인간의 제한된 이타심으로 인해 정의의 문제가 발생하는 것이다. 이를 흄의 조건(Humean condition)이라 한다.

다음으로 생각해볼 것은 분배목록에 무엇이 담겨 있는가이다. 학자에 따라 분배목록이 상이하다. 가령 '정의'를 단일주제로 평생 연구했던 롤스(J. Rawls)는 "권리와 자유, 기회와 권한, 소득과 부"를 자존감을 뒷받침하는 분배목록으로 상정한다. 여기서 우리는 타고난 재능이나 소질, 혹은 부모로부터 물려받은 사회적·경제적 지위도 분배목록에 들어가는지 의문을 지닐 수 있다. 타고난 재능이나 소질이 없는 사람들, 즉 '하늘의 추첨제도'에 당첨되지 않은 사람들은 인생의 출발선상에서 뒤처져 있다고 할 수 있다. 그런가 하면 가정의 사회적·경제적 배경이 열악한 사람처럼 '사회적 추첨제도'에 당첨되지 않은 사람들 또한 인생의 출발점에서 불리한 상태에 있다고 할 수 있다. 과연 재능이나 소질, 혹은 사회적·경제적 지위는 자신만의 것일까. 여기서 등장하는 개념이 '공동자산' 내지 '공개념적 사고'이다. 다시 말해서 타고난 재능이나 소질 혹은 부모를 잘 만난 덕분으로 주어진 사회적·경제적 지위는 그 자체로 분배의 대상은 아니지만 그가 속해 있는 공동체가 함께 누릴 행운이며, 그 때문에 공동체에 대한 사회적 부채의식이 요청된다는 것이다.

이렇게 보면 정의의 문제는 매우 다차원적인 것인데, 밀러(D. Miller)의 정의의 원리가 우리에게 유익한 시사점을 준다. 그에 따르면 정의의 문제는 우리가 맺는 "인간관계의 양식(modes of human relationship)"에 따라 해명될 수 있다. 인간관계는 크게 세 가지 양식이 있는데, 연대적 공동체, 도구적 결사체, 시민권이 그것이다.

첫째, 연대적 공동체(solidaristic community)는 사람들이 공동체 의식을 지니고, 한 집단의 구성원으로서 정체성을 가질 때 존재한다. 연대적 공동체는 가족뿐만 아니라 신앙 공동체나 동일한 신념과 문화를 가진 보다 넓은 영역의 집단을 포괄한다. 연대적 공동체에서의 실질적인 정의의 원리는 필요(need)에 따른 분배이다. 둘째, 도구적 결사체(instrumental association)는 이익사회의 성격을 갖는다. 즉, 도구적 결사체 내의 인간관계는 주로 시장에서 맺어지는 상호 공리주의적 관계이자 경제적 관계이다. 도구적 결사체, 즉 시장 관계에 있어서 실질적인 정의의 원리는 공적(desert, 성과)에 따른 분배이다. 셋째, 시민권(citizenship)은 제한된 법적 성원권과 그에 따른 권리와 의무를 동등하게 갖는 동료시민과의 관계를 규정한다. 현대사회에 있어서의 시민은 누구나 자유와 권리, 보호받을 권리, 참정권, 정치공동체가 제공하는 다양한 서비스를 동등하게 향유할 수 있다. 이런 맥락에서 시민권에 의거한 실질적인 정의의 원리는 평등(equality)에 따른 분배이다. 공적과 필요와 평등은 '각자의 몫'을 규정하는 기준이지만 세 가지가 엄격하게 구분되는 것은 아니며, 각각 포함관계를 맺고 있다. 시민으로서의 관계는 시장관계가 지배적인 도구적 결사체와 연대적 공동체를 포함한다. 연대적 공동체, 도구적 결사체, 시민권이라는 세 가지 관계의 기본 양식은 뒤로 갈수록 그 중요성을 피부로 느끼지 못한다. 그런가 하면 연대적 공동체 관계에서도 일정 부분 도구적 결사체의 시장관계가 존재할 수 있고, 시민 간의 관계에 있어서도 평등의 원리가 일차적이지만 필요나 공적의 원리가 배제되는 것은 아니다.

　끝으로 정의의 문제를 넘어선 논의가 있다. 인간 간의 존경과 사랑, 그리고 하나님의 은혜는 돈으로 살 수 없지만 우리의 태도에 따라 얼마든지 누릴 수 있고, 사랑이 뿌리내리지 못한 정의만으로는 공동체의 평화가 불가능하다는 점을 기억할 필요가 있다.

나는 내 자신을 소유하는가

우리 사회에서 공동체주의 사상가로 유명한 하버드대 마이클 샌델 교수의 『정의란 무엇인가』에는 매우 충격적인 사례가 제시되어 있다. 독일에서 발생한 '합의에 의하여 이루어진 식인행위' 사건인데, 그 개요는 다음과 같다.

마이베스라는 컴퓨터 기술자가 죽어서 다른 사람에게 먹힐 의향이 있는 사람을 찾는다는 광고를 인터넷에 올렸다. 여러 사람이 이 광고에 반응했고, 최종적으로 브란데스라는 사람이 마이베스의 제안에 승낙하였다. 결국 마이베스는 브란데스를 죽였고, 시체를 토막 낸 다음 비닐봉지에 담아 냉장고에 보관했다. 마이베스가 경찰에 체포될 당시, 이미 20kg의 시신을 먹어치운 뒤였다. 그는 올리브기름과 마늘을 넣어 요리해 먹기도 했다. 매우 끔찍한 사건이다. 그런데 "나는 내 자신을 소유한다"는 것이 정당화된다면 합의에 따른 식인행위는 법적으로 처벌하기 어려울 것으로 보인다.

개인의 자유를 무엇보다 강조하는 이념을 '자유지상주의'라고 부른다. 자유지상주의에 따르면 국가가 개인에게 부과하는 다양한 법적 조치 가운데 개인의 자유를 침해하는 것에 대해서는 전적으로 거부한다. 가령, 제3자에게 해를 끼치지 않는 한, 안전벨트나 오토바이 헬멧 착용을 의무화하는 국가의 '온정주의(paternalism)' 법규를 거부한다. 그런가 하면 성인들의 합의로 이루어지는 매춘을 법으로 금지하거나 동성애나 동성혼을 법으로 규제하는 일종의 도덕법도 거부한다. 끝으로 고소득자에게 누진세를 적용하여 빈곤한 사람들을 위해 재분배하는 것도 거부한다. 국가의 온정주의나 도덕법, 더 나아가 과세를 통한 부의 재분배는 개인의 자유를 침해한다는 이유에서 타당하지 않다는 것이다. 내가 나를 소유한다면 타인에게 피해를 주지 않는 한, 안전벨트나 헬멧을 착용하지 않아도 되고, 간통이나 매춘도 동성애나 동성혼도 전혀 문제가 되지 않는다는 것이다. 더 나아가 내가 나를 소유한다면 나는 내 노동도 소유하는 것이므로 노동에 따른 소득에 대해 국가가 세금을 매긴다는 것은 개인을 노예로, 노동을 강제노동으로 간주하는 것이다. 그 때문에 정당한 절차와 노동을 투입하여 얻은 고소득에 대해 누진세를 부과하는 것은 마치 국가가 자비로운 도둑을 자처하여 부자의 돈을 훔쳐집 없는 사람에게 나눠주는 것과 같다는 것이다.

　과연 나는 나 자신을 소유하는가? 이에 대해 긍정할 경우, 우리가 허용해야 하는 목록에는 상당히 많은 것들이 들어가게 된다. 여성의 입장에서 볼 경우, 자신의 몸에 대한 소유권을 가질 수 있기 때문에 아이를 낳을지 말지에 대한 출산결정권은 전적으로 여성에게 주어지고, 낙태의 결정 여부도 전적으로 여성의 몫이며 윤리적으로 문제될 것도 없다. 그런가 하면 자살을 선택하든 안락사를 선택하든 죽음에 대한 결정 권한도 전적으로 나 자신에게 있게 된다.

　내가 내 자신을 소유한다는 것이 정당화된다면 서두에서 예로 든

합의에 의한 식인행위에 대해서도 처벌할 수 없다. 합의에 의한 식인행위라는 엽기적인 사건은 독일 법정을 혼란에 빠뜨렸다. 왜냐하면 독일에는 식인행위를 처벌할 법이 없었기 때문이다. 가해자에게 살인죄를 적용할 수 없는 것은 희생자가 자기 죽음에 기꺼이 동의했기 때문이다. 마이베스의 변호사는 일종의 안락사인 촉탁 살인죄만 적용되는 것이 타당하고 그럴 경우, 최대 5년 형만 받게 될 것으로 전망했다. 그런데 법정은 마이베스에게 우발적 살인죄를 적용하여 8년 6개월의 실형을 선고했다. 그러나 2년이 지난 후, 항소심에서 형이 지나치게 가볍다는 이유로 판결을 번복하고 종신형을 선고하였다. 독일 법정의 판결을 들여다볼 때, '나는 내 자신을 소유한다'는 명제가 언제나 정당화되는 것은 아님을 알 수 있다.

그리스도인(christian)은 자신의 소유권을 그리스도(Christ)에게 위탁한 사람이다. 바울의 가르침에 이 점이 잘 드러난다. "너희 몸은 너희가 하나님께로부터 받은바 너희 가운데 계신 성령의 전인 줄을 알지 못하느냐 너희는 너희의 것이 아니라 값으로 산 것이 되었으니 그런즉 너희 몸으로 하나님께 영광을 돌리라"(고전 6:19-20).

그리스도인으로서 우리는 우리 자신의 삶의 이야기를 단독으로 쓰는 자가 아니라 성령의 감동하심을 따라 그리스도와 함께 쓰는 자이다. 우리의 삶의 계획(life plan) 가운데 성령을 공저자(coauthor)로 모실 수 있다면 우리의 삶의 이야기는 그리스도의 편지이자 그리스도의 향기가 될 수 있지 않을까.

노동과 소외 그리고 직업윤리

'일한다는 것'은 무엇보다 직업에서 구체화되고, 하나의 직업에는 전문직(profession), 소명직(calling), 생계직(occupation)의 성격이 동시에 담겨 있다. 이렇게 직업의 개념에 다양한 모습이 담긴 것은 노동의 의미에 대한 역사적 흔적이 켜켜이 쌓인 결과라 할 수 있다.

일찍이 플라톤은 『국가』에서 사람들로 하여금 각자의 사회적 지위에 알맞은 직분을 수행하도록 교육하는 방법과 사회 여러 계층에 적합한 고유한 덕을 제시한다. 그의 이상국가는 분업의 원리에 따라 조직되는데, 생산자, 수호자, 통치자라는 세 계층으로 나누어지며, 이들에게는 각각 절제, 용기, 지혜라는 덕이 부여된다. 여기서 덕을 의미하는 그리스어 아레테(aretē)는 '기능'을 잘 발휘하는 상태와 관련되기에 '탁월성(excellence)'으로 번역되곤 한다. 탁월성으로서의 덕 개념은 무엇보다 전문직에서 부각되는 전문성과 친화력이 있다.

그런가 하면 소명직으로서의 직업개념은 특히 종교개혁가인 루터와 칼뱅에 의해 정립되었다. 이는 베버의 『프로테스탄티즘의 윤리와 자본주의 정신』을 통해서 확인할 수 있다. 중세에 이르기까지 기독교 세계에서 일(노동)은 아담의 범죄에 대한 속죄의 일환이자 세속적인 가치로 간주되었다. 그러나 루터는 구원이 일차적인 부르심이고, 직업은 이차적인 부르심으로 간주하면서 소명직으로서의 직업개념(독일어 Beruf)을 창안해냈다. 칼뱅 역시 직업을 일종의 소명으로 간주하였다. '주님은 삶의 계층과 양식들을 구분해놓으셨고, 일할 순서를 정하셨는데, 이를 소명이라 한다. 우리는 주님이 불러주신 자리를 반드시 사수(死守)해야 할 초소라고 생각할 필요가 있다.'

다음으로 생계직으로서의 직업개념은 무엇보다 노동자의 권익 및 복지 증진과 결부되어 있다. 노동의 본질 및 소외문제를 둘러싼 좌우 개념은 헤겔과 마르크스에게서 구체화되었다.

우파 이론가인 헤겔에 따르면 인간은 타자로부터 인정받기를 원하며 다른 인간과의 관계 속에서 자신이 자립적이고 독립적인 인간임을 타인에게 인정시키고자 하는 이른바 '인정투쟁(struggle for recognition)'을 벌이기 마련이다. 인정투쟁은 처음에는 동일한 자기의식을 지닌 주체가 펼쳐나가는 노동이다. 그런데 이 투쟁에서 패자는 승자의 승리를 인정해주어야 한다. 인정투쟁의 결과, 패자는 자연적인 생명만을 보존하고자 '노예'가 되고, 승자는 자연적 생을 넘어서 자신의 자유를 획득한 '주인'이 된다. 이제 노예는 주인의 욕구에 봉사함으로써 더 이상 자기의식을 가진 자립적 인간이 아니라 한갓 주인을 위한 물적 존재에 불과하다. 주인은 노예의 노동에 기대어 마음껏 사물을 향유한다. 그런데 아이러니하게 주인은 노예가 수행한 노동의 생산물에 의존하게 되어 결국 '실존적 궁지'에 빠진다. 반면, 노동하는 노예는 자연을 가공함으로써 모든 인간적·사회적·역사적 진보의 원천이 된다. 그 때문에 역사는 노동하는 자, 즉 노예의 역사라는 것이다. 그러나 헤겔은 인간 사회의 모든 것이 의식의 산물임을 자각함으로써 소외문제가 해소될 수 있을 것으로 낙관했다.

한편 좌파 이론가인 마르크스는 노동을 둘러싼 주인과 노예의 인정투쟁에 대한 헤겔의 통찰을 높이 평가했지만 노동자의 권익과 복지 증진을 위해 자본주의 체제의 전복을 강변한다. 자본가에 의해 노동력이 착취당하고 노동의 본질적 가치로부터 소외당하는 노동자를 위한 마르크스의 휴머니즘은 자본주의의 폐해가 발생하는 곳마다 되살아나는데, 진보이념에서 발전된 형태로 거듭하여 등장하기 마련이다. 오늘날 마르크스의 소외론은 자본가에 의한 노동자의 착취 및 빈익빈 부익부의 문제를 강하게 제기함으로써 자본주의의 발달 및 성숙 과정에서 노동자의 정당한 권리와 몫을 확보하는 데 일정 부분 유의미한 기여를 하는 것으로 평가받는다.

하나의 직업이 전문직, 소명직, 생계직의 성격을 두루 지니고 있다고 할 때, 탁월성을 의미하는 그리스의 덕 개념은 전문직의 근거를, 루터와 칼뱅에게서 나타난 부르심으로서의 직업개념은 소명직의 근거를, 더 나아가 마르크스의 소외론은 노동자의 정당한 권리 확보 및 복지 증진과 결부된 생계직의 근거를 제공한다. 직업윤리를 정립하는 데 이들 직업 개념을 균형감 있게 고려할 필요가 있다. 다만 하나님 앞에서 직업 노동을 수행하는 크리스천에게 있어 직업의 어떤 성격이 일차적인 요청인지에 대한 숙고와 성찰이 요청된다.

우리 사회의 차별과 크리스천의 삶

우리 사회에는 다양한 유형의 차별이 존재하는데, 그것은 일종의 불평등이다. 성별에 따른 차별의 예로 '유리 천장'을 들 수 있는데, 이는 여성이 사회 각 분야에서 승진하는 데 보이지 않는 장애물을 의미한다. 그런가 하면 학벌에 따른 차별도 있다. 스카이(SKY)를 무엇보다 선호하고, 지방소재 대학보다 서울소재(in Seoul) 대학을 선호한다. 학벌이 취업과 인맥에 그만큼 큰 영향을 미치기 때문이다. 인종에 따른 차별도 문제다. 선진국에서 온 백인에 대해서는 존중하고 배려하지만 개도국에서 온 유색인종에 대해서는 함부로 대하는 경향이 있다. 재력 또한 사람을 차별하는 기준이 되곤 한다. "만인은 법 앞에 평등"해야 함에도 "유전무죄 무전유죄"라는 말처럼 돈이 있으면 안 되는 일이 거의 없다. 어떻게 보면 재력은 자본주의 사회에서 차별과 불평등을 유발하는 가장 주된 요인으로 보인다.

우리 사회에 존재하는 이러한 다양한 차별은 사회적 차원의 통합성 내지 연대의식을 깨뜨리고, 개인적 차원의 소외감을 초래한다. 더 나아가 차별은 인간의 존엄성 내지 기본권을 침해한다는 점에서 그 해악이 크다. 우리는 어떠한 이유에서라도 차별 받지 않고 동등하게 대우받을 때, 비로소 인간다운 삶을 누릴 수 있다.

왜 차별이 존재할까? 차별이 일종의 정의(justice)의 문제라는 측면에서 그 이유를 찾아볼 수 있다. 다시 말해서 재화의 희소성과 인간의 이기심으로 인해 정의의 문제가 발생한다. 소득도, 지위도, 일자리도 한정된 상황에서 자기 이익을 추구하려는 사람들의 성향으로 인해 누군가는 필요 이상으로 더 많은 것을 가지게 되고, 누군가는 최소한의 인간다운 삶조차 누릴 수 없을 지경에 이르기도 한다. 정의의 문제 가운데 분배정의는 정치체제와 사회제도의 근간을 이루며, 특히 경제적 분배와 깊은 관련을 맺고 있다.

마태복음 25장의 "달란트 비유"를 보면 주인이 종들에게 각각 다섯 달란트, 두 달란트, 한 달란트를 맡겼는데, 앞의 두 종은 각기 다섯 달란트, 두 달란트를 더 남겼지만 한 달란트 받은 종은 자신에게 달란트를 가장 적게 준 주인에 대한 불만에서 달란트를 땅속에 묻어버렸기에 남긴 게 없었다. 결국 주인은 악하고 게으른 종이 가지고 있던 한 달란트마저 빼앗아 가장 많이 남긴 종에게 주었다. "무릇 있는 자는 받아 풍족하게 되고 없는 자는 그 있는 것까지 빼앗기리라"(29). 자본주의 사회의 "빈익빈 부익부" 현상을 떠올리게 하는 구절이다.

한편 마태복음 20장에는 포도원에서 일하고 하루 품삯을 받는 품꾼들의 이야기가 나온다. 그런데 품꾼들이 아침 9시에 와서 하루 종일 일했건, 오후 5시에 와서 한 시간만 일했건 상관없이 동일하게 한 데나리온을 품삯으로 받았다. 여기서 데나리온 비유의 핵심은 "나중 된 자로서 먼저 되고, 먼저 된 자로서 나중"될 수 있다는 점을 경계하고 있는데, 비유의 표면적 내용에 초점을 둔다면 사람들의 필요에 따른 평등한 분배를 강조하는 텍스트로 볼 수 있다.

자본주의는 자유 경쟁을 통해 성과(업적)를 많이 남긴 자가 보다 많은 몫을 가져가는 분배체제를 지향한다면, 사회주의는 평등의 가치를 강조하면서 필요에 따른 분배체제를 중시한다. 자본주의든 사회주의든 그 근거를 성경에서 찾아 볼 수 있지만 성경은 하나님 없는 자본주의도, 하나님 없는 사회주의도 철저하게 배격한다.

자본주의 사회에서는 시쳇말로 '돈'이 인격이고, '돈'이 권력이다. 그렇기 때문에 자본주의체제하에서 사람들은 큰돈을 벌고자 혈안이 되어 있다. 자본주의 사회에서 돈이면 안 되는 게 거의 없으니 돈이 주인이고, 돈을 사랑하는 게 당연한 것처럼 보인다. 그러나 성경은 "돈을 사랑함이 일만 악의 뿌리"(딤전6:10)이고, "하나님과 재물(Money)"을 겸하여 섬길 수 없다(마6:24)고 경계하고 있다.

자본주의와 사회주의의 만남이 가능할까? 자본주의가 지향하는 자유시장의 논리인 '경쟁'과 사회주의가 지향하는 평등의 논리인 '필요'가 만날 수 있을까. 시장질서에서 경쟁력이 떨어지는 사람은 어떻게 살아갈 수 있을까? 그런가 하면 평등의 논리에 따라 사람들의 성과와 상관없이 필요를 충족시켜준다면 국가 경쟁력과 사회 생산력을 어떻게 담보할 수 있을까? 경쟁을 강조하면 사람의 '능력'을 우대하는 것이고, 필요를 강조하면 능력이 있든 없든 '사람'을 우대하는 것이다. 사람이 존중받고 그 능력이 인정받는 사회야말로 경쟁의 논리와 필요의 논리가 적절하게 균형을 이룬 사회라 할 수 있다.

야고보서 2장에서 야고보 사도는 사람을 외모로 취하여 차별대우하는 것을 경계하고 있다. 금가락지를 끼고 아름다운 옷을 입은 사람은 우대하고, 더러운 옷을 입은 가난한 자를 냉대하는 교인들의 태도를 책망한다(2-3). "가난한 자를 조롱하는 자는 이를 지으신 주를 멸시하는 자"이다(잠17:5)

과거에는 개천에서 용 나는 일이 흔히 있었지만 이제는 개천에서 용 나기가 어려워졌다. 흙수저 부모의 자녀는 흙수저가 되고, 금수저 부모의 자녀는 금수저가 되는, 이른바 계급 재생산 이론이 작동하고 있다. 그러니까 부모의 사회적·경제적 지위가 자녀세대에게 되물림 되고 있다는 것이다.

하나님께서 모세를 통해 베푸신 율법의 강령이 "네 이웃 사랑하기를 네 몸과 같이 하라"(야2:8)이듯, 예수께서 주신 새 계명 또한 "서로 사랑하라"는 것이다(요13:34). 예수께서 우리를 사랑하신 것처럼 우리도 서로 사랑하는 것이 마땅하다는 것이다.

"서로 사랑하라"는 계명을 구체적으로 실천하기 위해서는 사람들의 영적인 필요뿐만 아니라 사회적인·경제적인 필요에 대해서도 적극적으로 공급할 수 있어야 한다(야2:15-16). 바울은 예루살렘 교회의 가난한 성도들을 위한 마게도냐 교회의 구제에 대해 칭찬하면서 고린도교인들 또한 구제헌금에 동참하도록 권면한다. "이제 너희의 유여한 것으로 저희 부족한 것을 보충함은 후에 저희 유여한 것으로 너희 부족한 것을 보충하여 평균(equality)하게 하려 함이라"(고후8:14). 초대교회 성도들은 "다 함께 있어 모든 물건을 서로 통용하고 또 재산과 소유를 팔아 각 사람의 필요를 따라" 나누는 삶을 살았다(행2:44-45).

성경은 하나님 없는 물신(物神) 숭배와 유물론을 엄격하게 경계하지만 일부 텍스트는 성과에 따라 분배하는 자본주의의 측면도 일정 부분 긍정하고 있고, 능력에 따라 일하고 필요에 따라 분배하는 사회주의의 측면도 일정 부분 긍정하고 있다. 크리스천은 자본주의와 사회주의 사이에서 어떤 입장을 취해야 할까. 자본주의를 지지하는 크리스천이라면 "자본주의의 인간화"를, 사회주의를 지지하는 크리스천이라면 "사회주의의 기독교화"를 추구할 필요가 있다. 개인구원에 방점을 두는 이들은 자본주의를 지지하지만 크리스천의 사회적 책임에 대해 다소 미흡할 가능성이 있고, 사회구원에 방점을 두는 이들은 크리스천의 사회참여를 강조하는 데 비해 개인의 영적 필요는 소홀히 하는 경향이 있다.

우리 시대의 교회는 "개인 구원과 영적 필요"뿐만 아니라 우리와 더불어 살아가는 이들에 대해 "사회적·경제적 측면에서 평균케 하는 노력"에도 관심을 요청받고 있다.

크리스천의 성 담론,
보수주의와 자유주의 사이에서

　전철을 타고 가다가 나이가 지긋하신 어르신들이 성에 관해 대화하는 것을 듣게 되었다. "요즘 젊은 것들은 순결 개념이 없어. 아무나 마음만 맞으면 성관계를 맺는단 말이야. 말세야 말세!"라고 말하는 어르신 A. "구닥다리 얘기는 그만둬. 성관계가 별것인가? 악수하는 것과 뭐가 달라. 그냥 피부 접촉일 따름이야!"라고 말하는 어르신 B. 어르신의 대화에서 우리는 성에 관한 보수주의와 자유주의 간의 대립을 엿볼 수 있다.

　성 담론은 크게 보수주의와 자유주의로 대별될 수 있는데, 먼저 강경한 보수주의는 혼전 성이나 출산 이외의 성, 혹은 자위행위를 인정하지 않는 입장이다. 아우구스티누스나 아퀴나스의 관점이 이에 해당한다. 그런가 하면 온건한 보주주의는 서약과 결혼으로 나아가는 혼전 성을 용인하며, 출산의 목적이 아닌 부부간의 사랑의 표현으로서의 성도 긍정한다. 보수주의는 무엇보다 성을 결혼의 테두리에 한정함으로써 "성의 사회적 책임" 및 "안정성"을 추구한다.

　한편 온건한 자유주의에 따르면 성인 당사자들 간의 자율적인 합의하에서 타인에게 해악을 끼치지 않는다면 혼외의 성도, 동성애도 문제없는 것으로 간주한다. 이른바 "해악 금지의 원리"와 "자율성 존중의 원리"가 결합된 관점이라 할 수 있다. 온건한 자유주의는 자율성을 존중하기 때문에 미성년자와의 성관계는 심각한 범죄로 간주한다. 왜냐하면 미성년자는 성관계의 결과에 대해 충분한 정보에 근거하여 동의할 능력이 없기 때문이다. 더 나아가 강경한 자유주의는 성의 진정한 해방을 위해서는 어떤 제약도 거부하고자 한다. 그러니까 어떤 대상이든 어떤 유형의 파트너든 쾌락의 대상이 될 수 있다는 것이다. 이러한 논변이 타당할 경우 노출증, 가학증 및 피학증, 관음증, 수간(獸姦)이나 시간(屍姦) 등도 모두 용인될 수 있다는 것이다.

성 담론의 네 유형 가운데 대체로 사람들은 온건한 보수주의나 온건한 자유주의를 지지할 것으로 보인다. 온건한 보수주의는 성(sex)을 결혼과 출산이라는 테두리 안에서 허용하는 데 비해, 온건한 자유주의는 '사랑'이 전제된다면 성의 향유가 정당화될 수 있다고 본다. 물론 여기서 '사랑'은 결혼과 출산(양육)을 전제로 한 부부간의 사랑으로 간주할 수도 있고, 혼외의 관계일지라도 상호 인격을 존중하는 '사랑'을 의미할 수도 있다. 사실 혼인한 부부간의 성관계에서도 사랑이 배제된 성을 추구할 개연성이 충분히 있고, 동성애라고 해서 반드시 사랑 없는 성을 추구하리라는 법도 없다. 따라서 '사랑'만 있다면 혼외의 성이든 동성애든 성적 결합의 도덕성을 확보하는 데 충분하다고 본다면 온건한 자유주의의 관점에, 혼인의 테두리에 있을지라도 '사랑'이 전제되어야 성적 결합의 도덕성을 확보할 수 있다고 본다면 온건한 보수주의의 관점에 근접할 것으로 보인다. 크리스천은 성 담론에서 보수주의를 지지해야 할까,

아니면 자유주의를 지지해야 할까?

고린도전서 5장에 보면 교회의 음행(porneia, sexual immorality)에 대한 바울의 격한 분노가 나타나 있다. 바울은 고린도교회의 음행이 이방인 가운데서도 일어나지 않는 것이라고 분개한다. 그러니까 한 남성이 아비의 아내를 취하였다는 것이다(고전 5:1). 바울은 아비의 아내를 취한 교인을 출교할 것을 명한다(고전 5:13). 회개할 기회도 주지 않고 단호하게 출교를 명하는 이유는 무엇일까?

'아버지의 아내'는 생모가 아니라 계모로 볼 필요가 있다. 금지된 성관계를 언급하고 있는 레위기 18장 6-18절에서 생모와의 성관계를 금지하는 구절에서는 '어머니(your mother)'로 표현되어 있고, 계모와의 성관계를 금지하는 구절에서는 '아버지의 아내(your father's wife)'로 표현되어 있기 때문이다. 그런가 하면 문제의 사건은 아버지 사후의 법적인 혼인으로 볼 필요가 있다. 이는 고린도교회 교인들이 계모를 취한 장본인을 공개적으로 수용했고(고전 5:2, 6), 아버지의 아내를 취했다는 대목에서 '취했다(echein, have)'는 표현이 법적 소유나 아내 혹은 남편을 얻는 것을 의미하기 때문이다.

이렇게 볼 때 고린도전서 5장에 언급된 음행의 문제는 아버지가 별세한 뒤, 젊은 계모와 법적으로 혼인한 장본인을 고린도교회 교인들이 환영하고 축하해주었을 것이라는 추측이 가능하다. 그런데 바울은 계모와 혼인한 교인도 문제지만 이를 공개적으로 용인한 교인들의 태도에도 문제가 있다고 지적한다. "누가 그 아비의 아내를 취하였다 하는도다 그리하고도 너희가 오히려 교만하여져서 어찌하여 통한히 여기지 아니하고 그 일 행한 자를 너희 중에서 물리치지 아니하였느냐"(고전 5:1-2).

어떻게 계모와 혼인한 음행을 문제의 당사자나 고린도교회 공동체가 별다른 문제의식 없이 용인하게 되었을까. 오늘날 성에 관한 자유주의의 관점에 따르면, 성인 간에 자유의사를 통해 합의한 결혼이므로 계모와의 혼인이 큰 문제가 되지 않을 것으로 보인다. 우리 크리스천이 강경한 보수주의는 어렵더라도 적어도 온건한 보수주의를 지지할 필요가 있는 대목이다.

고린도교회의 한 구성원이 이방인도 금하는 계모와의 혼인을 하고, 고린도교회의 교인들은 이를 수용하고 환영하기까지 한 태도의 근거를 바울은 교인들이 크리스천의 자유를 오해한 데서 찾는다. 그러니까 고린도교회 교인들 중 상당수가 '예수께서 나의 과거와 현재와 미래의 모든 죄를 사해주셨으니 나에게 모든 것이 가하다'고 생각하면서 세상의 가치기준에 얽매일 필요가 없으니 계모와의 결혼도 문제가 없다고 보았다는 것이다. 그러나 바울은 예수 안에서 크리스천이 자유한 자이지만 모든 게 유익한 것은 아니며, 크리스천은 예수의 피 값으로 산 것이며, 성령이 거하시는 전이므로 음행을 피하고, 하나님께 영광을 돌려야 한다고 권면한다(고전 6:12-20).

해외원조의 윤리적 근거는 무엇인가

오늘날 전 지구적으로 부와 풍요가 획기적으로 증가하였지만 역설적으로 빈곤과 기아 문제는 매우 심각한 상황이다. 최근 기사(2017년)에 따르면 세계 인구 73억 명 중 10% 이상이 만성적인 영양 결핍 상태에 있고, 매년 5세 유아 중 300만 명 이상이 영양실조로 사망하고 있다. 10초마다 한 명의 유아가 사망하는 비참한 현실이다. 우리는 풍요의 시대에 빈곤과 기아라는 윤리적인 모순을 경험하고 있다.

빈곤과 기아로 고통받고 있는 나라에 대한 원조는 한눈에 봐도 윤리적인 의무로 다가온다. '네 이웃을 네 몸과 같이 사랑하라'는 예수 그리스도의 가르침은 빈곤과 기아로 고통받는 어린이들에 대해 무관심해서는 안 된다는 것을 우리에게 상기시킨다. 그런데 이웃을 제대로 사랑하려면 우선 자기 자신을 사랑해야 한다고 말하는 이도 있고, 이웃의 경계를 신앙 공동체 혹은 자신이 속한 국가로 국한할 필요가 있다고 말하는 이도 있다. 이러한 주장은 매우 현실적이지만 이웃 사랑의 범위를 특정 공동체로 제한하는 한계가 있다.

해외원조에 대한 윤리적 근거는 과연 무엇일까? 해외원조는 그

야말로 선의를 가진 사람들의 자선 행위일까, 아니면 마땅히 실천
해야 할 윤리적 의무일까.

해외원조를 의무가 아니라 자선 행위로 간주하는 의견을 살펴보
자. 해외원조가 의무라면 그것을 행하지 않은 것 자체가 옳지 않다
는 점에서 그리고 대부분의 사람들이 해외원조에 참여하고 있지 않
다는 점에서, 사문화된 법처럼, 해외원조의 요구는 실효성이 없는
윤리적 명령으로 전락할 가능성이 크다. 아울러 인간관계의 친소에
따라 배려의 정도가 달라질 수밖에 없는 인간의 자연적 경향성을
고려할 때도 우리 주변에 도움이 절실한 이웃을 먼저 배려하는 게
자연스럽다. 그 때문에 당장 나와 관련이 없고, 거리상으로도 너무
멀리 떨어져 있는 불특정 다수를 위한 해외원조의 의무는 과도한
것으로 보인다. 해외원조를 일종의 자선과 같은 선택 사항으로 간
주하는 사람들은 의무의 개념보다는 초과 의무의 개념을 선호할 수
있다. 이웃에게 자비를 베푼 대표적인 인물로 「누가복음」(10장)에
등장하는 사마리아인을 들 수 있는데, 그는 강도 만난 사람에 대해
응급조치뿐만 아니라 부비(extra expense, 추가 비용)까지 담당했다.
응급조치가 의무의 차원이라면 부비는 초과 의무(supererogation)의
차원이다. 초과 의무는 모든 사람에게 요구되는 영역은 아니다. 다
만 초과 의무를 수행하는 사람들이 목격되는 공동체는 도덕적 수준
이 상승하기 마련이다.

한편 해외원조를 윤리적 의무로 규정하는 견해도 있다. 가령, 어
려운 처지에 있는 국가를 돕는 것은 사람의 생명을 목적으로 대우
하는 것이며, 보편성을 지닌 윤리적 의무라는 것이다. 이는 칸트 의
무론에 근거한 견해이다. 그런가 하면 해외원조의 초점을 빈곤국가

의 정치문화 내지 제도의 문제에 두고자 하는 관점도 있다. 이러한
관점을 대표하는 사상가로 롤스(J. Rawls)를 들 수 있다. 그는 빈곤
국이 '질서 정연한 사회(well-ordered society)'로 이행하는 데, 즉
빈곤국의 자생력을 키워주는 데 관심을 기울인다. 요컨대 빈곤국에
서 인권이 제도적 차원에서 보장되고, 정의롭고 안정성을 지닌 '질
서 정연한 사회'로 이행하도록 돕는 것이 윤리적 의무라는 것이다.
이러한 사회가 구현된 이후에는 원조를 중단하는 것이 타당하다고
본다.

해외원조를 윤리적 의무로 보다 강하게 주장하는 사상가로 우리
시대의 공리주의를 대표하는 싱어(P. Singer)를 들 수 있다. 공리주
의의 기본 전제는 쾌락은 추구하고, 고통은 회피하는 데 있다. 빈곤
문제는 인류 전체의 고통을 증가시키는 윤리 문제이므로 빈곤으로
인해 고통받는 사람들을 도와줌으로써 고통의 총량을 감소시키는
것이야말로 윤리적 의무라는 것이다. 그에 따르면 풍요로운 사회에
서 평균(이상)의 수입을 올리는 사람들은, 특별히 많은 부양가족이
있거나 다른 특별한 필요가 없는 한, 절대빈곤의 감소를 위해서는,
마치 교회에 십일조를 내듯, 수입의 10%는 내야 한다. 그러한 수준
의 기부에 미치지 못한다면 잘못을 범하는 것이다.

이웃 사랑은 율법의 강령이자 예수의 새 계명의 핵심으로서 이웃
의 영적인 필요뿐만 아니라 사회적·경제적인 필요까지 확장될 수
있어야 한다. 사도 바울은 예루살렘 교회의 가난한 성도들을 위한
마게도냐 교회의 구제를 칭찬하면서 고린도 교회 성도들 또한 구제
에 동참할 것을 권면한다(고후 8:1-14).

과학기술의 발달에 힘입어 헐벗고 굶주린 이웃들이 어느 곳에서

살든, 관심만 기울이면 얼마든지 그들에게 다가갈 수 있다. 그런데 복음이 동반되지 않은 사회적·경제적 지원은 한계가 있음을 유의해야 한다. 복음이 전파되고 교회가 세워진 곳에 '하나님의 형상(imago Dei)'으로서 '인간의 존엄성(인권)'과 자유가 회복된다. 이는 질서정연한 사회의 원동력이다.

생태학적 위기 시대, 기독교 자연관의 재해석과 인간의 책임

　　환경윤리의 담론에서 기독교의 자연관은 인간을 자연의 지배자이자 정복자로 간주한다는 점에서, 오늘날 환경문제의 사상적 근원 중 하나로 비판받곤 한다. 사실「창세기」1장 28절, "생육하고 번성하여 땅에 충만하라 땅을 정복하라(카바쉬) 바다의 고기와 공중의 새와 땅에 움직이는 모든 생물을 다스리라(라다)"에서 인간이 자연의 지배자이자 정복자임을 쉽게 확인할 수 있다.

　　생태학적 위기의 역사적 뿌리로 기독교의 자연관에서 그 근원을 찾는 대표적인 사상가로 린 화이트(Lynn White)를 들 수 있다. 『사이언스(Science)』에 실린 "The Historical Roots of our Ecologic Crisis(1967)"에서 화이트는 인간의 생태학적 관심은 무엇보다 종교에 의해 큰 영향을 받으며, 특히 자연에 대한 인간의 지배와 정복을 정당화한「창세기」의 자연관은 생태학적 위기의 주된 원인으로 간주했다. 다시 말해서「창세기」의 천지창조 기사는 인간과 자연을 이원화시키고, 인간의 욕구 충족을 위해 인간에 의한 자연의 착취와 이용을 하나님의 뜻으로 정당화했다는 것이다.

　　환경위기에 직면하여 기독교의 대안적인 자연관으로 '청지기

(stewardship, 정원지기) 모델'이 새롭게 논의되고 있다. 한마디로 창
조주 하나님이 자연을 인간에게 위탁하였으며, 인간은 자연에 대한
'배려의 담지자 역할(caretaker role)'을 수행해야 한다는 것이다. 그
런데 청지기 모델이 그 정당성을 확보하기 위해서는 「창세기」 1장
28절에 나타난 '카바쉬(정복하다)'와 '라다(다스리다)'의 의미를 재해
석할 필요가 있다. 히브리어 kābash는 "짓밟는다, 어떤 것 위에 발을
올려놓는다, 복종시키다, 지배하다"를 뜻하며, 히브리어 rādāh는 "이
끌다, 안내하다, 땅속에 다져 넣다, 강제하다, 지배하다"를 뜻한다.
이렇게 인간에 의한 땅의 지배(dominum terrae)를 정당화하는 번역
은 70인역은 물론이고, 영어 번역본에서도 그대로 이어지고 있다.

　「창세기」는 모세가 대부분 쓴 것이지만 전승의 과정에서 특정 시
대의 사회적·문화적 상황 또한 반영되어 있다. 가령 「창세기」 1장
의 인간창조(26-31)가 이스라엘 민족이 바벨론 포로 시대(BC 550
년경)에 기록한 제사장문서(P문서)에 속한다면, 창세기 2장의 인간
창조(4b-24)는 다윗이나 솔로몬 통치 시대(BC 950년경)의 여호와
문서(J문서)에 속한다. P문서에 입각한 「창세기」 1장의 기사는 이
스라엘 백성이 바벨론 포로생활을 하면서 한편으로는 바벨론의 창
조신화 및 그 안에 등장하는 신들과 대결하고, 다른 한편으로는 자
연과의 힘겨운 생존 투쟁을 이겨내야 하는 시대적 배경 속에서 생
성된 것이다. 바벨론의 자연숭배에 대항하고, 생존 투쟁을 극복하
고자 하는 문맥에서 '통치하고, 정복하고, 지배하다'는 의미를 지닌
'카바쉬'와 '라다'의 사용은 충분히 이해할 만하다. 다만 카바쉬와
라다처럼 '그 당시 그곳에서'의 표현을 '지금 여기에서' 적용하기
위해서는 재해석의 과정을 거칠 필요가 있다.

카바쉬와 라다의 재해석과 관련하여, 히브리어 카바쉬는 대부분 '정복하다'로 번역되지만 「민수기」 32장이나 「여호수아」 18장에서 볼 수 있듯이 "경작지를 차지하다, 봉사할 수 있게 하다, 개간하다"는 의미도 지니고 있으며, 히브리어 라다는 대체로 '다스리다'로 번역되지만 「에스겔」 34장(특히 4, 16)에서 볼 수 있듯이 목자가 양을 "돌본다"는 의미도 지니고 있다. 이렇게 보면 카바쉬와 라다는 자연에 대한 책임 있고 사려 깊은 관리로 재해석될 여지가 있다.

자연을 위한 인간의 가꿈과 돌봄이라는 방향 전환의 가능성은 「창세기」 2장의 창조기사에서 하나님이 아담을 에덴동산으로 이끌어 "그것을 '**다스리며**' 지키게"(창 2:15) 하셨다는 데서도 찾을 수 있다. 에덴동산을 '다스리며 지키라'는 것은 에덴동산의 정원지기로서 밭을 갈고 가꾸라는 것을 의미한다. 창세기 2장 15절에 나타난 '다스리며'의 히브리어는 '아바드(עָבַד)'인데, 지상에서 인간의 책임을 이끌어낼 수 있는 중요한 의미가 담겨 있다.

하나님이 아담을 에덴동산으로 이끌어 오신 후 '아바드'를 명하셨다. 사실 「창세기」의 '아담'은 땅을 의미하는 히브리어 '아다마'와 어원을 같이한다는 점에서 대지에 대한 인간의 책임이 자연스럽게 추론될 수 있다. 하나님의 형상으로서 인간은 피조세계에서 하나님을 대리해서 목자로서 땅을 경작하고 보존할 책임을 부여받은 것이다. 히브리어 '아바드'는 '봉사하다, 일하다, 섬기다, 예배하다' 등 다양한 의미를 지니고 있다. 예배의 대상은 오직 하나님이시지만, 봉사와 섬김의 범주에는 사람은 물론이고, 피조물까지 포함될 수 있다는 점에 주목할 필요가 있다. 하나님으로부터 아바드를 명받은 인간에게 밭 갈고(일하고), 봉사하고 섬기며, 예배하는 것은 인간의 본분이라 할 수 있다.

예수 그리스도의 구원사역이 온전하게 성취될 때, 피조세계에 노정된 약육강식의 왜곡된 질서도 회복될 것이고, "가시덤불과 엉겅퀴"(창 3:17-18)로 표현되는 인간과 피조세계 간의 적대적인 관계도 해소될 것이며, 인간을 포함한 모든 피조물이 하나님을 찬양하는 피조세계의 교향곡이 아름답게 울려 퍼질 것이다(사 11:1-9; 43:20-21).

Notes _ 주(註)

1부 성경과 함께하는 철학 이야기

가문에 흐르는 저주와 죄의 문제: 그리스 비극_ 그리스 사상 및 비극에 나타
난 그리스 정신에 대해서는 H. D. F. Kitto, 김진경 옮김(1994), 『그
리스 문화사』, 서울: 탐구당, pp. 262-301, "제10장 그리스 정신" 참
고. 그리스 비극에 대한 이해 및 수양론적 가치에 대해서는 윤영돈
(2011), 「그리스 비극의 수양론적 가치」, 한국윤리교육학회, 『윤리교
육연구』 제25집, pp. 195-214 참고.

지혜를 추구하는 두 방식: 신화와 철학_ 신화에 대한 이해는 H. D. F. Kitto,
김진경 옮김(1994), 『그리스 문화사』, 서울: 탐구당, pp. 302-316, "제
11장 신화와 종교" 참고. E. Cassirer, 최명관 옮김(1988), 『인간이란
무엇인가: 문화철학 서설』, 서울: 서광사, pp. 119-172, "제7장 신화와
종교" 참고. 지혜를 추구하는 두 방식의 원천이 된 그리스 사상의 위
대함을 문학적 전통에서 찾는 연구와 관련하여 J. de Romilly, 이명
훈 옮김(2010), 『왜 그리스인가?』, 서울: 후마니타스(주) 참고.

세계를 바라보는 두 가지 방식: 존재와 생성_ 파르메니데스의 "존재"와 헤라
클레이토스의 "생성"의 세계관에 대해서는 W. Weischedel, 이기상·
이말숙 옮김(1990), 『철학의 뒤안길』, 서울: 서광사, pp. 29-40, "2. 파
르메니데스와 헤라클레이토스: 상반되는 쌍둥이" 참고. 파르메니데스
와 헤라클레이토스의 단편에 대해서는 H. Diels & W. Kranz, 김인곤
외 옮김(2005), 『소크라테스 이전 철학자들의 단편 선집』, 서울: 아카
넷, pp. 218-266, "단편: 헤라클레이토스", pp. 267-309 "단편: 파르메
니데스" 참고.

사람의 생애를 닮은 그리스 철학: 소크라테스 이전과 이후_ 소크라테스 이전과
이후 사상을 사람의 생애로 묘사한 것과 관련하여 F. M. Conford, 이종
훈 옮김(1995), 『소크라테스 이전과 이후』, 서울: 박영사, pp. 185-186
참고. 대표적인 그리스(희랍) 철학 입문서로는 W. K. C. Guthrie, 박종
현 옮김(1994), 『희랍 철학 입문』, 서울: 종로서적 참고.

극장에 가는 이유는 즐거움 때문인가: 플라톤과 아리스토텔레스의 예술론 논쟁_ 플라톤의 예술론은 그의 주저『국가(Republic)』제2-3권 및 제10권에서, 아리스토텔레스의 예술론은 그의 저서『정치학(Politics)』제8권 및『시학(Poetics)』제6장('비극의 정의')에서 나타난다. 아리스토텔레스에 있어서 플라톤의 유산과 독자성에 대한 논의는 윤영돈(2000),「아리스토텔레스 교육론에서 예술과 도덕의 상관성 연구」, 해군사관학교,『해사논문집』제43집, pp. 99-102 참고. 희랍 비극을 둘러싼 플라톤과 아리스토텔레스의 예술론 논쟁 및 교육적 함의와 관련한 자세한 논의는 윤영돈(2005),「플라톤과 아리스토텔레스의 예술론과 도덕교육에의 함의」, 한국도덕윤리과교육학회,『도덕윤리과교육』제21호, pp. 389-412 참고.

운명론적 세계관에서 자유에 이르는 길: 에픽테토스의 스토아 철학_ 에픽테토스의 사상을 이해하는 데 그의 단편이 요긴하다. Epictetus, 강분석 옮김(2008),『자유와 행복에 이르는 삶의 기술』, 서울: 사람과 책 참고. 에픽테토스의 단편을 삶의 지침으로 삼았던 스톡데일 제독과 관련한 논의 및 이상적인 군인상으로서의 스토아 철학에 대한 자세한 논의는 N. Sherman,「스토아철학의 군인교육」, W. Damon 편, 김태훈 외 옮김(2008),『새로운 시대의 인격교육』, 고양: 인간사랑, pp. 139-177, "5. 스토아 철학의 군인교육" 참고.

거대 제국에서 행복에 이르는 길: 에피쿠로스의 정신적 쾌락주의_ 에피쿠로스의 정신적 쾌락주의와 관련하여 Epicouros, 오유석 옮김(2013),『쾌락』, 서울: 문학과 지성사 참고. 에피쿠로스와 관련한 마르크스의 박사학위 논문은 K. Marx, 고병권 옮김(2010),『데모크리토스와 에피쿠로스 자연철학의 차이』, 서울: 그린비 참고.

근대의 서막, 신앙과 이성의 분리: 오컴의 면도날과 유명론_ 오컴 사상이 지닌 근대적 관점에 대한 개관 및 신앙과 의지에 기반한 오컴 윤리학에 대한 논의는 W. Ockham, 이경희 옮김(2004),『오캄 철학 선집』, 서울: 간디서원, "옮긴이의 말", pp. 75-77, "6. 윤리학" 참고. 신앙과 의지에 기반한 중세 주지주의 윤리학의 흐름에 대해서는 R. L. Arrington, 김성호 옮김(2005),『서양윤리학사』, 서울: 서광사, pp. 247-254 참고. 보편논쟁에서 실재론을 지지하는 아퀴나스의 관점에 대해서는 박건미(1993),『철학 이야기 주머니』, 서울: 녹두, pp. 74-80 참고. 보편논쟁에서 유명론의 주장과 신학적 영향에 대해서는 S. P. Lamprecht, 김태길·윤명로·최명관 옮김(2003),『서양철학사』, 서울: 을유문화사, pp. 216-221 참고.

종교적 관용의 가능성과 한계: 로크의 관용론_ 로크의 관용에 관한 편지는 J. Locke, *A Letter Concerning Toleration*(1689), trans by. William Popple; 황경식(1995), 「대화와 관용: 그 인식적, 윤리적 근거」, 『개방사회의 사회윤리』, 서울: 철학과현실사, pp. 586-624 참고. 관용의 가능성과 한계에 대해서는 김남준(2008), 「다문화시대의 도덕원리 논쟁: 관용과 인정」, 새한철학회, 『철학논총』 제54집 제4권, pp. 147-166 참고.

저주받은 범신론자의 신을 향한 사랑: 스피노자의 '영원의 상 아래에서'_ 스피노자의 삶과 사상에 대한 이해를 위해서는 W. Weischedel, 이기상·이말숙 옮김(1990), 『철학의 뒤안길』, 서울: 서광사, pp. 197-210, "15. 스피노자: 진리에 대한 거부" 참고. 스피노자의 윤리사상 개관을 위해 R. L. Arrington, 김성호 옮김(2005), 『서양윤리학사』, 서울: 서광사, pp. 295-332, "제7장 스피노자" 참고. 스피노자의 저서로는 B. Spinoza, 조현진 옮김(2013), 『에티카』, 서울: 책세상 참고.

아브라함의 이삭 결박사건을 논하다: 칸트와 키르케고르의 가상적 대담_ 이삭 결박사건에 대한 칸트의 종교철학적 관점은 I. Kant, 신옥희 옮김(2001), 『이성의 한계 안에서의 종교』, 서울: 이화여자대학교출판부 및 I. Kant, 오진석 옮김(2012), 『학부들의 논쟁』, 서울: 도서출판b, p. 99 참고. 이삭 결박사건에 대한 키르케고르의 종교철학적 관점은 S. Kierkegaard, 임춘갑 옮김(2007), 『공포와 전율』, 서울: 다산글방 참고. 신명령론에 대한 자세한 논의는 윤영돈(2018), 「신명령론의 계보학적 탐구」, 한국윤리교육학회, 『윤리교육연구』 제50집, pp. 43-64 참고.

'한계상황'에서 선택과 결단 통한 실존신앙 추구: 야스퍼스의 유신론적 실존주의_ 야스퍼스의 실존주의 철학에 대해서는 강대석(1994), 「야스퍼스의 철학적 신앙」, 대한철학회, 『철학연구』 제52집; 신옥희(1985), 「칼 야스퍼스에 있어서 철학과 종교」, 철학연구회, 『철학연구』 제20권; 홍경자(2003), 「윤리적 관점에서 고찰한 칼 야스퍼스의 비극적인 것의 의미」, 대한철학회, 『철학연구』 제86집; 홍경자(2012), 「야스퍼스의 실존론적 양심론」, 『양심』, 서울: 서울대학교출판문화원; 홍경자(2013), 「한계상황으로서의 죽음 의식이 삶에 미치는 영향과 의미」, 『철학논집』 제33집 참고.

악이란 무엇인가: 리쾨르의 '악의 상징 해석'_ 리쾨르의 악의 상징 해석에 대해서는 강영계(2007), 『리쾨르가 들려주는 해석 이야기』, 서울: 자음과 모음; 김영한(2003), 『하이데거에서 리꾀르까지』, 서울: 박영사; 양명수, 「악의 상징과 리꾀르의 해석학」, 『현대 프랑스 철학과 해석학』,

철학과 현실사 참고. 어거스틴의 죄 개념과 관련하여 W. S. Sahakian, 송휘칠·황경식 옮김(1988), 『윤리학의 이론과 역사』, 서울: 박영사, 95-99 참고.

과학기술 시대의 책임윤리: 요나스의 '공포의 발견술'_ 과학기술 시대의 생태학적 윤리의 맥락에서 요구되는 책임윤리에 대한 논의는 H. Jonas, 이진우 옮김(1994), 『책임의 원칙: 기술 시대의 생태학적 윤리』, 서울: 서광사 참고(공포의 발견술, pp. 372-372); 변순용(2007), 『책임의 윤리학』, 서울: 철학과현실사, pp. 112-142("제2부 3장, 존재에 대한 책임"), pp. 145-167("제3부 1장, 자연과 미래세대에 대한 책임의 정당화") 참고. 무기의 발달에 따른 비인간성의 증가에 대한 논의는 Vittorio Hösle(1995), 「Ethische Konsequenzen aus der Ökologishcen Krise(생태계 위기에서 본 윤리적 귀결)」, 서울대학교 철학사상연구소 제40회 콜로키움 발표문(1995.3.31.) 참고.

타자의 얼굴은 나에게 무엇을 요청하는가: 레비나스의 타자성의 철학_ 레비나스의 타자성의 철학에 대해서는 강영안(2008), 『타인의 얼굴』, 서울: 문학과지성사; 김연숙(2001), 『레비나스 타자윤리학』, 서울: 인간사랑; 김연숙(2007), 「레비나스의 인격론」, 『인격』, 서울: 서울대학교출판부 참고. 칸트에 의한 동일성의 윤리와 레비나스에 의한 타자성의 윤리에 대한 비교 설명에 대해서는 윤영돈(2010), 「도덕교과에서 다문화 교육의 윤리학적 정초」, 한국윤리교육학회, 『윤리교육연구』 제21집, pp. 12-20 참고.

누가 열린사회의 적들인가: 포퍼의 정치철학_ 플라톤과 유토피아 사상을 열린사회의 적들로 규명하고 있는 논의는 K. Popper, 이한구 옮김(1994), 『열린사회와 그 적들(Ⅰ)』, 서울: 민음사; 헤겔과 마르크스를 열린사회의 적들로 규명하고 있는 논의는 K. Popper, 이명현 옮김(1994), 『열린사회와 그 적들(Ⅱ)』, 서울: 민음사 참고. 포퍼의 생애와 사상은 K. Popper, 이한구 옮김(1994), 앞의 책, 273-294 참고. 역사적 소크라테스와 플라톤적 소크라테스의 구분에 대해서는 윤영돈(2003), 「소크라테스적 시민성과 시민불복종」, 한국윤리교육학회, 『윤리교육연구』 제4집, pp. 96-98 참고.

무사유와 악의 평범성: 아렌트의 '예루살렘의 아이히만'_ 아렌트의 저서는 Hannah Arendt, 김선욱 옮김(2010), 『예루살렘의 아이히만』, 파주: 한길사 참고. 아렌트의 전체주의 비판에 대한 쉬운 이해는 김선욱(2010), 『한나 아렌트가 들려주는 전체주의 이야기』, 서울: 자음과 모음 참고. 무사유와 악의 평범성에 대한 문제 규명에 대해서는 윤영돈(2010), 「폭력의 일상화와 인문치료」, 한국윤리교육학회, 『윤리교육연구』 제23집, 2010, pp. 249-270 참고. 예루살렘에서의 아이히만 재판과정에 관한 동영상 https://www.youtube.com/watch?v=IaEl07220us 참고.

거룩한 것에 대한 심층적 탐구: 오토의 종교철학_ 오토의 종교철학 저서는 R. Otto, *Das Heilige*, 윤성범 옮김(1971), 『종교입문』, 서울: 을유문화사 참고. 문화철학에서 종교에 대한 논의는 E. Cassirer, 최명관 옮김(1988), 『인간이란 무엇인가: 문화철학 서설』, 서울: 서광사, pp. 119-172, "제7장 신화와 종교" 참고.

내가 지금 서 있는 이 땅이 거룩한 곳이다: 엘리아데의 성과 속_ 성과 속에 대한 엘리아데의 저서로 M. Eliade, 이은봉 옮김(1998), 『성과 속』, 서울: 한길사 참고. 엘리아데의 종교철학에 대한 이해는 정진홍(2003), 『M. 엘리아데: 종교와 신화』, 서울: 살림 참고. 신화의 시·공 개념에 대한 논의는 윤영돈(2004), 「캇시러의 문화철학에서 신화와 예술의 인간학적 함의」, 한국윤리교육학회, 『윤리교육연구』 제6집, pp. 187-189 참고.

사랑의 세 단계, 에로스-필리아-아가페: 로츠의 사랑론_ 로츠의 사랑론은 J. Lotz, 심상태 옮김(1991), 『사랑의 세 단계: 에로스, 필리아, 아가페』, 서울: 서광사 참고. 플라톤의 에로스론에 대한 심층적 탐구에 대해서는 윤영돈(2017), 「플라톤의 에로스론과 도덕교육적 함의」, 한국도덕교육학회, 『도덕교육연구』 제29권 제3호, pp. 133-153 참고. 아리스토텔레스의 우정론에 대한 심층적 탐구에 대해서는 홍석영(2012), 「아리스토텔레스 우정론의 도덕과 교육에의 함의」, 한국도덕윤리과교육학회, 『도덕윤리과교육』 제37호, pp. 303-328 참고.

인격적 만남을 위한 삶의 태도: 부버의 만남과 대화의 철학_ 부버의 만남과 대화의 철학에 대해서는 M. Buber, 표재명 옮김(1994), 『나와 너』, 서울: 문예출판사; M. Buber, 남정길 옮김(1979), 「대화」, 『사람과 사람 사이』, 서울: 전망사; 이삼열(1992), 「마틴 부버에서 본 대화의 철학」, 『대화의 철학』, 서울: 서광사 참고.

동양과 서양의 사유방식의 차이: 니스벳의 '생각의 지도'_ 니스벳의 저서는 R. E. Nisbett, 최인철 옮김(2010), 『생각의 지도』, 파주: 김영사 참고. 동양인과 서양인의 사유 방식의 차이에 대한 실험적 연구와 관련한 동영상 자료로 EBS 다큐프라임(2009), 「동과 서」(제1편 명사로 세상을 보는 서양인, 동사로 세상을 보는 동양인https://www.youtube.com/watch?v=J5hOkggR_nk;제2편 서양인은 보려 하고 동양인은 되려 한다 ttps://www.youtube.com/watch?v=

DInJUfD4hWk)참고. 동서양 두 문화권의 사고방식의 기원은 다음과 같이 간단하게 설명할 수 있다. 두 사회의 생태 환경이 경제적인 차이를 가져왔고, 이 경제적인 차이는 다시 사회 구조의 차이를 초래했다. 그리고 사회 구조적인 차이는 각 사회를 유지하기 위한 사회적 규범과 육아 방식을 만들어냈고, 이는 환경의 어떤 부분에 주의를 기울여야 하는지를 결정했다. 그리고 서로 다른 주의 방식은 우주의 본질에 대한 서로 다른 이해(민속 형이상학)를 낳고, 이는 다시 지각과 사고 과정(인식론)의 차이를 가져왔던 것이다(Nisbett, 최인철 옮김(2010), pp. 192-193).

포스트모더니즘과 성경 읽기: 에코의 '장미의 이름'_ 포스트모더니즘의 의미와 성격을 이해하기 위해 KBS 미디어(1992), 「포스트모더니즘 어떻게 볼 것인가」(1992.12.14. 방영); 김혜숙·김혜련(1997), 『예술과 사상』, 서울: 이화여자대학교출판부, pp. 297-323. "12장 포스트모더니즘과 예술"; 최태만(1995), 『소통으로서의 미술』, 삶과 꿈, pp. 163-182. "10장 포스트모더니즘과 후기 자본주의 사회" 참고. 포스트모던한 시대의 사상과 문화에 대한 기독교적 조망으로 신국원(2002), 『포스트모더니즘』, 서울: 한국기독학생회출판부 참고.

포스트모던 시대의 탈경계화: 니체 이후_ 아폴론적인 것과 디오니소스적인 것 간의 균형을 통한 건강의 문제를 해명하는 니체의 논의에 대해서는 윤영돈(2008), 「정신건강의 관점에서 본 니체의 미학적 세계관과 주인도덕의 문제」, 한국윤리학회, 『윤리연구』 제69호, pp. 10-13, "Ⅱ. 2. 디오니소스적 세계관과 정신건강" 참고. 포스트모던 시대의 군대 윤리 변화상에 대해서는 윤영돈(2012), 「군대윤리의 관점에서 본 정신전력 제고 방안」, 국방대학교 국가안전정보장문제연구소, 『국방연구』 제55권 제3호, pp. 74-76, "Ⅱ. 포스트모던 시대의 군과 장병" 참고. 한국 사회에서 동성애를 둘러싼 젠더 이데올로기와 교회 해체의 문제와 관련하여 이정훈(2018), 『교회 해체와 젠더 이데올로기』, 용인: 킹덤북스 참고. 에스더서에 등장하는 여성의 리더십에 대한 포스트모던한 이해와 관련하여 유연희(2013), 「와스디, 에스더, 세레스: 에스더서의 여성 리더십과 복잡한 유산」, 한국구약학회, 『구약논단』 제19권 제49호, pp. 123-151 참고.

2부 인공지능 시대, 삶의 문제 성찰

인공지능 시대, 어떻게 살 것인가_ 인공지능 키마구레가 쓴 소설에 대한 논의
는 「소설 쓴 인공지능, 정답 없는 영역 도전에… ㅂ 충격」(SBS 뉴스,
2016.03.22. 참고). 뉴질랜드의 인공지능 샘 관련 자료는 http://politiciansam.nz
참고. 애리조나 주립대학교의 eAdvisor에 대한 논의는 「솔트룩스, 대학·교
육시장에 인공지능 사업 확대」(http://www.ddaily.co.kr/news/article/?no=169473).
4차 산업혁명 시대에 대한 조망은 K. Schwab, 송경진 옮김(2016), 『제4차 산업혁
명』, 서울: 새로운 현재 참고.

인공지능 시대, 인간 정체성의 물음_ 소포클레스의 '인간찬미'와 관련하여 황
문수 옮김(1993), 『오이디푸스왕/콜로노스 오이디푸스/안티고네』, 서
울: 범우사, pp. 169-170 참고. 닐 블롬캠프, <채피>(2015 개봉). 경험
론의 맥락에서 인격적 동일성을 의식의 동일성에서 찾는 논의에 대
해서는 김선하(2007), 「로크의 인격론」, 『인격: 고대로부터 현대에 이
르기까지의 인격의 의미』, 서울: 서울대학교출판부, pp. 113-130 참
고. 리들리 스콧, <블레이드 러너>(1982 개봉; 2018 재개봉).

디지털 혁명이 가져온 인간관계의 변화와 불편한 유토피아_ 뉴밀레니엄이 시
작된 2000년도에 디지털 혁명이 몰고 올 미래상과 관련한 다양한 논
의가 있었다. 가령, 제13회 한국철학자연합대회(대주제: 『21세기를
향한 철학의 화두: 인간·사회·자연에 관한 새로운 성찰』)의 중요한
주제로 다루어졌다. 이종관, 「사이버 문명, 포스트휴먼, 인간의 운명」;
류의근, 「"사이버문명, 포스트휴먼, 인간의 운명"에 대한 논평」; 이상
훈, 「사이버공동체와 테크노철학: 사이보그를 위한 디지털 사회존재
론」, 정호근, 「테크노철학 ‐ Transhumanism」; 홍윤기, 「정보화 조건
하에서의 자유와 공동체」 등이 그것이다. 아울러 『新東亞』(00.10), 권
말부록, "인터넷과 한국인"도 참고할 내용이 많다.

문화가 삶의 방식과 신앙의 길을 규정하는가_ 그레시아인과 칼라시아인의 장
례 풍습은 문화상대주의의 중요한 사례이다. 이에 대한 논의는 헤로
도토스, 박광순 옮김(1993), 『역사』, 서울: 범우사, pp. 222 참고. 흔
히 문화상대주의에서 도덕상대주의를 도출할 수도 있지만 도덕객관
주의를 도출할 수도 있다. 이에 대한 자세한 논의는 L. P. Pojman &
J. Fieser(2010), 박찬구 외 옮김, 『윤리학: 옳고 그름의 발견』, 서울:
울력, pp. 43-70("윤리적 상대주의"), 71-99("도덕적 객관주의"). 문화
로부터 행위에 이르기까지 도덕의 작동 과정에 대한 논의는 같은 책,

pp. 117-122 참고. 문화와 복음의 관계에 대해서는 P. G. Hiebert(2010), 김동화 외 옮김, 『선교와 문화인류학』, 서울: 죠이선교회출판부, pp. 39-81(특히, 73-79) 참고.

의로움의 근거는 무엇인가: 믿음의 길 vs 행위의 길_ 아우구스티누스와 펠라기우스 간 논쟁과 관련하여 이석우(1995), 『아우구스티누스』, 서울: 민음사, pp. 217-260 참고. 칸트의 기독교에 대한 이해는 I. Kant, 신옥희 옮김(2010), 『이성의 한계 안에서의 종교』, (서울: 이화여자대학교출판부, 참고. 의로움의 근거와 관련한 바울과 야고보의 관점에 대해서는 T. R. Schreiner, 임범진 옮김(2015), 『신약신학』, 서울: 부흥과개혁사, pp. 544-555, 566-574 참고. 신약성서의 통일성과 다양성에 대해서는 David Wenham, 「신약성서의 통일성과 다양성」, G. E. Ladd, 신성종·이한수 옮김(2017), 『신약신학』, 서울: 대한기독교서회, pp. 776-815 참고.

태초에 말씀이 계시니라_ 그리스 자연철학의 근본 물음과 관련하여 고사까 슈우헤이, 방준필 옮김(1992), 『함께 가보는 철학사 여행』, 서울: 사민서각, pp. 19-55 참고. 철학적 사유의 근본 형태인 "그것은 무엇인가"에 대한 철학적 담론은 M. 하이데거, 강성위 옮김(1978), 「철학-그것은 무엇인가」, 『하이데거의 철학사상』, 서울: 서광사, pp. 187-210 참고. 데카르트의 명제("cogito ergo sum")가 초래한 문제점, 특히 생태적 위기의 문제와 관련하여 진교훈(1998), 『환경윤리』, 서울: 서광사, pp. 41-43 참고.

크리스천의 윤리적 의무는 무엇으로부터 도출되는가: 하나님의 형상_ 크리스천의 윤리적 의무는 "하나님의 형상"이라는 인간의 존재론적인 위상에 근거한다. 하나님의 형상에 대한 다양한 해석에 대해서는 윤영돈 외 (2017), 「창세기에 나타난 그리스도교의 자연관과 인간의 책임문제」, 한국환경철학회, 『환경철학』 제24집, pp. 190-192 참고.

십계명에 나타난 자연법이란 무엇인가_ 그리스도교의 자연법에 대한 자세한 논의는 H. Rommen, trans. by T. R. Hanley, *The Natural Law*, New York: Arno Press, 1979, pp. 34-69("The Age of Scholasticism") 참고. 아퀴나스의 자연법에 근거한 자연법 윤리학에 대한 논의는 C. E. 해리스, 김학택 외 옮김(1994), 『도덕이론을 현실문제에 적용시켜보면』, 서울: 서광사, pp. 107-148 참고.

거짓말은 정당화될 수 있는가_ 거짓말에 대한 칸트의 관점은 I. Kant, "On a Supposed Right to Lie from Altruistic Motives", D. Benatar(ed.), Ethics for Everybody, New York: MaGraw-Hill, 2002, pp. 127-130

참고. 그때그때 상황과 맥락에 따라 거짓말하는 것이 유용할 경우, 거
짓말이 정당화될 수 있는 행위공리주의 및 유용성을 담보하는 규칙
에 근거한 규칙공리주의에 대한 자세한 논의는 W. S. 사하키안, 송휘
칠・황경식 옮김, 『윤리학의 이론과 역사』, 서울: 박영사, 1988, pp.
254-257 참고.

욕설은 윤리적으로 정당화될 수 있을까_ 정조의 어찰첩 번역 및 해제와 관련
하여『정조의 어찰첩』, 서울: 성균관대학교출판부, 2009 참고. 욕설을
둘러싼 창의융합 과제연구(특히, "전략적 욕설 사용의 정당성과 윤
리")에 대해서는 윤영돈,「창의융합 과제연구를 통한 고등학교 인성
교육 사례연구」, 한국윤리교육학회, 『윤리교육연구』 제49집, 2018,
pp. 58-67 참고.

폭력은 어떻게 정당화되는가_ 아나밥티스트(재침례파)에 대한 탄압의 역사에
대해서는 J. M. Carroll, 말씀보존학회 옮김, 『피 흘린 발자취』, 말씀보
존학회, 1977 참고. 9.11 테러 직후(2001.10.26) 발표한 밴두라의 논문
은 A. Bandura, "Selective Moral Disengagement in the Exercise of
Moral Agency", *Journal of Moral Education*, vol.31. no.2, 2002,
pp. 101-116에 게재되었다. 일상화된 폭력의 문제와 인문학적 해소방안
과 관련한 보다 자세한 논의는 윤영돈,「폭력의 일상화와 인문치료」,
한국윤리교육학회, 『윤리교육연구』 제23집, 2010, pp. 249-270 참고.

융 심리학에서 본 용서의 문제_ 융 심리학의 기독교적 적용에 관한 포괄적인
논의는 김성민, 『분석심리학과 기독교』, 학지사, 2001 참고. 무의식의
상징으로서 성서를 바라보는 관점과 관련하여 W. G. Rollins, 이봉우
옮김(2010), 『융과 성서』, 왜관: 분도출판사, 참고. 융 심리학에 나타
난 고백과 용서의 문제에 대한 영어 논문으로는 E. Todd, "The
Value of Confession and Forgiveness According to Jung", *Journal
of Religion and Health*, vol.24, no.1, 1985, pp. 39-48 참고. 융 심
리학에 근거한 화해와 용서에 관한 보다 자세한 논의는 윤영돈
(2018),「융의 분석심리학에서 본 화해와 용서의 문제」, 서강대학교
철학연구소,『철학논집』 제54집, pp. 79-104 참고.

효와 충의 가치는 아직도 유효한가_ 한국인의 가치관에 대해 종단 연구를 진행
한 것으로 나은영・차유리(2010),「한국인의 가치관 변화 추이: 1979
년, 1998년 및 2010년의 조사 결과 비교」, 한국사회 및 성격심리학회,
『사회 및 성격』 제24권 제4호, 참고. 충효의 가치지형도와 그 현대적
재해석에 관한 자세한 논의는 윤영돈 외(2016),「전통의 규범적 의미에

대한 재해석과 범주화」,『한국철학논집』제50집, pp. 347-356 참고.

충성의 갈등과 명령 불복종의 문제_ 군대윤리(military ethics)의 기본 개념 및 충성의 갈등과 명령 불복종의 문제에 대한 단행본으로 K. Montor et al, 해군사관학교 옮김(2000),『초급장교를 위한 군대윤리*(Ethics for the Junior Officer)*』, 진해: 해군인쇄창, 2001 참고(특히, pp. I-Ⅷ). 이 번역서는 미해군사관학교에서 1994년 출판한 것이며, 필자가 해군사관학교에서 윤리학 교수요원으로 군복무를 할 때 당시 해군사관학교장이셨던 서영길 해군중장의 명을 받아 번역작업에 참여한 바 있다. 장교가 충성의 갈등을 느껴서 상관의 명령에 복종할 수 없다고 판단할 때 취할 수 있는 구체적인 방법에 관하여 공군사관학교,『현대의 군대윤리』, pp. 151-155 참고.

탈권위주의 사회에서도 권위와 위계는 존중되어야 할까_ 국가 권위와 시민의 복종의 의무와 관련한 전문 학술서로 박효종(2001),『국가와 권위』, 서울: 박영사; 박효종(2005),『민주주의와 권위』, 서울: 서울대학교출판부, 참고.

연단된 인격과 신앙인의 작품_ 추사 김정희의 "세한도"를 둘러싼 감동적인 이야기는 https://www.youtube.com/watch?v=8CoZdhGQmgU(김정희-세한도) 참고. 제주도 유배 전후의 추사체의 변화 양상에 대한 자세한 논의는 장승희(2016),「괴(怪)와 졸(拙)로 본 추사 김정희의 철학적 인간학」,『유학연구』제34집 참고.

시인으로 지상에 거주한다는 것의 의미_ 중국 청화대학교 고해파 교수의 발표문은 다음과 같다. 高海波, 고재석 옮김,「맹자의 詩教에 내재된 인성교육 방법과 현대적 의의 연구」, 2018년도 한국윤리교육학회 추계학술대회 자료집,『동서양 사상의 재구성을 통한 인성교육』(한국선비문화연구원, 2018.11.9-10.) 참고. 플라톤의 미적 인간관 및 예술을 통한 교육과 관련한 자세한 논의는 윤영돈(2011),「플라톤의『국가』에 나타난 도덕교육론」, 한국윤리학회,『윤리연구』제82호, pp. 289-314 (특히, pp. 301-304); 윤영돈(2017),「플라톤의 에로스론과 도덕교육적 함의」, 한국도덕교육학회,『도덕교육연구』제29권 제3호, pp. 133-153 참고. 쉴러의 미적 교육론에 대한 자세한 논의는 윤영돈(2010),「쉴러의 미적 교육론에서 의무와 경향성의 조화」, 한국윤리학회,『윤리연구』제76호, pp. 255-282 참고.

정의란 무엇인가_ 정의(justice)의 문제에 대한 좋은 개론서로 M. Sandel, 이창신 옮김(2010),『정의란 무엇인가』, 서울: 김영사, 참고(특히 "6강 평등

옹호: 존 롤스"). 2010년 5월에 초판이 나왔다. 필자는 그해 12월 4일 발행된 것을 구입했는데, 98쇄였다. 샌델 교수는 2014년 서울시 명예시민으로 위촉되었고, 그의 저서는 한국에서 200만 부 이상 팔렸다. 롤스의 정의론 원서는 J. Rawls, 황경식 옮김(2006), 『사회정의론』, 파주: 서광사 참고. 인간관계의 양식에 따른 밀러의 정의론 원서 및 관련 논의는 D. Miller(1999), Principles of Social Justice, Cambridge: Harvard Univ. Press 윤영돈(2009), 「밀러의 사회정의의 원리에 대한 비판적 검토: 인간관계의 양식에 근거한 정의의 원리를 중심으로」, 인천대학교평화통일연구소, 『통일문제와 국제관계』 제19집, pp. 3-32 참고. 정의의 문제를 넘어선 인간 간의 존경과 사랑과 하나님의 은혜에 대한 논의는 J. 피이퍼, 강성위 옮김(1994), 『정의에 관하여』, 서울: 서광사, pp. 129-143 참고.

나는 내 자신을 소유하는가_ 자유지상주의의 도덕관 및 정치관에 대해서는 M. Sandel, 이창신 옮김(2010), 『정의란 무엇인가』, 서울: 김영사, pp. 87-107("3강 우리는 우리 자신을 소유하는가: 자유지상주의") 참고. 합의에 의한 식인행위 사건의 쟁점에 대해서는 같은 책, pp. 106-107 참고.

노동과 소외 그리고 직업윤리_ 소명직으로서의 직업개념과 자본주의 정신 간의 친화력에 대한 사회학적 통찰을 보여주는 베버의 저서로 M. 베버 박성수 옮김(1995), 『프로테스탄티즘의 윤리와 자본주의 정신』, 서울: 문예출판사, 참고. 노동과 소외 그리고 직업윤리에 대한 보다 자세한 논의는 윤영돈 외(2015), 「노동과 소외 그리고 직업윤리」, 한국도덕윤리과교육학회, 『도덕윤리과교육』 제46호, pp. 145-169 참고.

우리 사회의 차별과 크리스천의 삶_ 차별의 원인으로서 분배정의의 문제와 관련한 논의는 M. Sandel, 이창신 옮김(2010), 『정의란 무엇인가』, 파주: 김영사 참고; 윤영돈(2013), 『성경과 함께하는 윤리학 산책』, 파주: 한국학술정보, pp. 58-62 참고.

크리스천의 성 담론, 보수주의와 자유주의 사이에서_ 성 담론의 유형에 대해서는 박찬구·박병기(1997), 「성적 자유는 어디까지 허용되어야 하는가」, 『논쟁으로 보는 윤리사상의 흐름과 주제들』, 서울: 담론사, pp. 178-181 참고. 고린도교회의 음행에 대한 바울의 진단과 처방에 대해서는 김판임(2014), 『바울과 고린도 교회』, 서울: 동연, pp. 49-70 참고. 고린도교회의 건강성 문제와 현대교회에 대해서는 윤영돈(2015), 「고린도교회의 건강성 문제와 현대 교회」, 한국신학사, 『한국신학』

64호, pp. 28-50 참고.

해외원조의 윤리적 근거는 무엇인가_ 해외원조의 윤리적 근거에 대한 논의로 P. 싱어, 황경식·김성동 옮김(2003), 『실천윤리학』, 서울: 철학과현실사, pp. 271-291("8장 4절 원조의 의무"); J. 롤스, 장동진 외 옮김(2009), 『만민법』, 서울: 아카넷, pp. 173-194("§15 고통을 겪는 사회들, §16 만민간 분배정의") 참고. 해외원조의 의무에 관한 윤리적 근거 논쟁과 관련한 자세한 논의는 김남준(2018), 「해외 원조의 의무에 관한 윤리적 논쟁」, 한국윤리교육학회, 『윤리교육연구』 제47집, pp. 315-367 참고.

생태학적 위기 시대, 기독교 자연관의 재해석과 인간의 책임_ 생태학적 위기 의 역사적 뿌리로 구약성서 창세기에서 그 근원을 찾는 대표적인 논 의로 Lynn White(1967), "The Historical Roots of our Ecologic Crisis", Science 155(3767), pp. 1203-1207 참고. 기독교 자연관의 재해석 및 인 간의 책임에 관한 자세한 논의로 윤영돈 외(2017), 「창세기에 나타난 그리스도교의 자연관과 인간의 책임 문제」, 한국환경철학회, 『환경철 학』 제24집, pp. 183-204 참고.

인명색인

윤영돈

서울대학교 사범대학 윤리교육과를 졸업하였고, 동대학원에서 『칸트에 있어서 도덕교육과 미적 도덕성의 문제』로 박사학위를 받았으며, 인천대학교 윤리교육과 교수로 재직하고 있다. 주요 저서로 『다문화시대 도덕교육의 프리즘과 스펙트럼』(학술원 우수도서), 『성경과 함께하는 윤리학 산책』, 『인성건강과 인문치료』, 『전통 인성교육이 해답이다』(공저), 『인격』(공저), 『양심』(공저), 『사랑』(공저_근간) 등이 있다. 미학, 종교철학, 인문치료학 등을 도덕교육에 적용하는 연구를 수행해 왔고, 기독교 철학 및 윤리학으로 관심사를 확장하고 있다.

성경과 함께하는 철학 산책
- 기독교 철학 서설 -

초판인쇄   2019년 12월 31일
초판발행   2019년 12월 31일

지은이   윤영돈
펴낸이   채종준
펴낸곳   한국학술정보㈜
주소   경기도 파주시 회동길 230(문발동)
전화   031) 908-3181(대표)
팩스   031) 908-3189
홈페이지   http://ebook.kstudy.com
전자우편   출판사업부   publish@kstudy.com
등록   제일산-115호(2000. 6. 19)

ISBN   978-89-268-9761-4 93230